DIE MACHT DER
ZERSTÖRUNG

in deinem Leben überwinden

**Wie die dämonische Macht
des „Fressers" bezwungen
werden kann**

© Baron-Dialog – Sigrid Baron

Text: Alph Lukau
Literaturredaktion: Martin Baron
Übersetzung: Atilla Önal
Lektorat: Siglinde Rüppel
Grafik: Isabelle Brasche · www.macbelle.de
Satz: Roland Senkel · www.pixxelwahnsinn.de
Fotos: bigstockphoto.com, alleluiaministries.com

Die Begriffe „teufel", „satan", „dämon" usw.
werden in diesem Buch kleingeschrieben.

1. Auflage 2018
ISBN 978-3-943033-34-2

info@baron-dialog.de

Inhaltsverzeichnis

Widmung

Ich danke Gott, dem Vater unseres Herrn Jesus Christus, der mich inspiriert hat, dieses Buch zu schreiben. Es ist mein aufrichtiges Gebet, dass Er im Leben eines jeden wirken möge, der diese Seiten liest.

Ich widme dieses Buch meiner kostbaren Schwester **Rose Lukau Baza**. Die Erinnerung an sie wird uns immer begleiten.

Ich danke meiner wunderbaren Frau und besten Freundin **Celeste Lukau** für ihre Geduld und bedingungslose Liebe, wenn ich vor Gott stehe und Ihm mit ganzem Herzen diene.

Dieses Buch wäre nicht entstanden ohne die Unterstützung meiner geliebten geistlichen Familie, **Alleluia Ministries International**. Ich überreiche euch dieses Buch, damit ihr die darin enthaltenen Wahrheiten anwenden könnt. Mit einem Herzen voller Liebe für euch bin ich dankbar für eure unermüdliche Unterstützung und Liebe.

Alph Lukau

Vorwort des Herausgebers

Pastor Alph Lukau ist ein erfolgreicher Geschäftsmann und ein auf der ganzen Welt bekannter und gefragter Sprecher, durch dessen Dienst „Alleluja Ministries International" – AMI, bereits zahllose Menschen gerettet, geheilt und befreit wurden. In seinem bemerkenswerten Dienst ist – vor allem im Bereich Prophetie – das Wirken Gottes wie zu Zeiten der Apostelgeschichte freigesetzt. Wunder und Heilungen in erstaunlicher apostolischer Vollmacht geschehen regelmäßig. Er ist für zahlreiche Menschen, vor allem im südlichen Teil des afrikanischen Kontinents, aber auch weit darüber hinaus, zu einem geistlichen Vater geworden. Pastor Alph ist mit Celeste Lukau verheiratet, der „First Lady" von AMI, die ihn im Dienst unterstützt.

Dieses bemerkenswerte Buch wird manchen deutschsprachigen Leser herausfordern. Pastor Alph behandelt hierin ein Thema, das wenig bekannt ist, obwohl es nahezu jeden Gläubigen, jede christliche Ehe und Familie, jeden geistlichen Dienst usw. betrifft und beeinflusst: die dämonische Macht des „Fressers".

Im Alten Testament wird der Begriff „Fresser", auch „Verschlinger" oder „Vertilger", ursprünglich für Wanderheuschrecken verwendet, die jahrtausendelang als die größten Verwüster der Erntefelder im Nahen Osten galten. Ihr Kommen bedeutete für die betroffenen Regionen in aller Regel eine Katastrophe und nicht selten Hungersnot und Lebensgefahr. Immer wieder verdunkelten Schwärme von teilweise mehreren Quadratkilometern Ausdehnung die Sonne. Wo sie sich niederließen, bedeckten sie den ganzen Boden und vernichteten aufgrund ihrer großen Gefräßigkeit in kürzester Zeit die gesamte Vegetation. Die achte Plage, die Mose dem Pharao

Ägyptens androhte, war eine derartige „Heuschrecken-Plage"
(2.Mose 10,1-20; Psalm 78,46):

*So kamen die Heuschrecken über das ganze Land Ägypten
herauf und ließen sich im ganzen Gebiet Ägyptens in gewal-
tiger Menge nieder. Sie bedeckten die Oberfläche des ganzen
Landes, so dass es finster im Land wurde; und **sie fraßen alles**
Gewächs des Landes und alle Früchte der Bäume, die der Hagel
übrig gelassen hatte. **So blieb** im ganzen Land Ägypten an den
Bäumen und Gewächsen des Feldes **nichts** Grünes **übrig.***
2.Mose 10,14-15 (Elb)

Das im Hebräischen für den „Fresser", den „Verschlinger", ver-
wendete Wort lautet *bā·'ō·ḵêl* und kommt aus der Wortwurzel
akal – essen, verzehren, aufessen, auffressen, verschlingen. In
den sog. Fluchworten in 5. Mose 28 warnt Mose, dass die Kinder
Israel, sofern sie sich treulos von Gott abwenden, ebenfalls mit
dieser zerstörenden Macht als Konsequenz des Abfalls konfrontiert sein werden:

*Viel Samen wirst du aufs Feld hinausbringen, aber wenig einsam-
meln, denn die **Heuschrecke** wird es abfressen.*
5.Mose 28,38 (Elb)

Der Prophet Joel sah eine gigantische derartige Plage voraus und
beschrieb sie mit dramatischen Worten. Unter anderem sagte er:

*Was der **Nager** übrig gelassen hatte, fraß die **Heuschrecke**;
und was die Heuschrecke übrig gelassen, fraß der
Abfresser; und was der **Abfresser** übrig gelassen, fraß die
Heuschreckenlarve.*
Joel 1,4 (Elb)

Doch der Herr gab dem Propheten für Sein Volk gleichzeitig eine Botschaft der Hoffnung. Wenn sich die Kinder Israel in Ernsthaftigkeit und von ganzem Herzen Ihm, ihrem Gott, wieder zuwenden würden (Joel 2,12-27), versprach Er ihnen Erstattung dessen, was vernichtet worden war:

*Und ich werde euch die Jahre **erstatten**, die die **Heuschrecke**, der **Abfresser** und die **Heuschreckenlarve** und der **Nager** **gefressen** haben ... Und ihr werdet genug essen und satt werden und werdet den Namen des HERRN, eures Gottes, loben, der Wunderbares an euch getan hat. Und mein Volk soll nie mehr zuschanden werden.*
Joel 2,25-26 (Elb)

Im Buch Hiob finden wir in Kapitel 20 die bemerkenswerte Rede des Zofar, der über die kurze Freude der Gottlosen vor ihrem Untergang sprach und die Problematik des Fressens und des Verschlingens konkret auf feindlich gesinnte Menschen, auf Gegner, Ungerechte und „Ruchlose" bezog. Das, was der Gottlose geraubt und verschlungen hat, muss wieder hergegeben und zurückerstattet werden:

*__Reichtum__ hat er **verschlungen**, doch erbricht er ihn wieder: Aus seinem Bauch treibt Gott ihn heraus ... **Den Ertrag gibt er zurück** und darf ihn nicht **verschlingen**. An dem Reichtum, den er erwarb, darf er sich nicht freuen. Denn die Geringen hat er misshandelt, verlassen. Häuser hat er an sich gerissen und wird sie nicht ausbauen ... Vor seiner **Fressgier** gab es kein Entrinnen; darum wird sein Wohlstand keinen Bestand haben. Der Himmel wird seine Schuld enthüllen, und die Erde wird sich gegen ihn erheben.*
Hiob 20,15-21+27 (Elb)

Für uns als Christen, als Volk Gottes des Neuen Bundes, ist es von großer Wichtigkeit zu verstehen, dass die Dinge, die im Alten Testament im Natürlichen geschahen, für uns heute in sehr ähnlicher Weise im Geistlichen gelten. David hatte beispielsweise immer wieder reale Menschen vor sich, die ihn vernichten wollten. Christen heute haben ebenso einen feind vor sich, der letztlich genau das Gleiche tun will. Lediglich das Schlachtfeld hat sich verlagert. Während David mit dem natürlichen Schwert natürliche Feinde bekämpfen musste, haben wir heute geistlichen Feinden mit dem geistlichen Schwert zu widerstehen. Der Kampf ist genauso real, genauso ernst und genauso erbarmungslos. Und so gibt es auch für uns heute diese Bedrohung des „Fressers" in unserem Leben. Es sind dämonische Kräfte, die Menschen in jeglicher Hinsicht berauben, ihren Lebensunterhalt, den Ertrag ihrer Arbeit, ihr Vermögen, ihren Besitz und vieles mehr verschlingen, fressen und vernichten wollen. Das Neue Testament sagt uns, dass der teufel ein „Verschlinger" ist:

*Seid nüchtern, wacht! Euer Widersacher, der teufel, geht umher wie ein brüllender Löwe und sucht, wen er **verschlingen** kann.*
1.Petrus 5,8 (Elb)

Zahlreiche Kinder Gottes leiden unter den Raubzügen, den heimtückischen Attacken und dem eisernen Klammergriff dieser dämonischen Systeme. Die Frage, wie wir uns in guter und angemessener Weise davor schützen und dem feind den Zugang zu unserem Leben verschließen können, ist der Inhalt dieses Buches. Gott selbst verheißt:

Bringt den ganzen Zehnten in das Vorratshaus, damit Nahrung in meinem Haus ist! Und prüft mich doch darin, spricht der HERR der Heerscharen, ob ich euch nicht die Fenster des Himmels öffnen und euch Segen ausgießen werde bis zum Übermaß! Und **ich werde um euretwillen den Fresser bedrohen**, *damit er euch die Frucht des Erdbodens nicht verdirbt und damit euch der Weinstock auf dem Feld nicht fruchtleer bleibt, spricht der HERR der Heerscharen.*
Maleachi 3,10-11 (Elb)

Deshalb: Wie auch immer deine Lebenssituation aussehen mag, wie weit auch immer du und deine Lieben unter den Attacken des feindes gelitten haben mögen, was auch immer dir geraubt wurde und der feind verschlungen hat – unser Gott kann alles ändern und alles erstatten. Er kann den feind bedrohen, zurechtweisen und strafen. Und gleichzeitig kann und will Er dich wiederherstellen, versorgen, beschenken, neu ausrichten und in jeder Hinsicht überfließend segnen.

Sei dir ganz sicher:
Gott hat mehr für dich!

Martin Baron

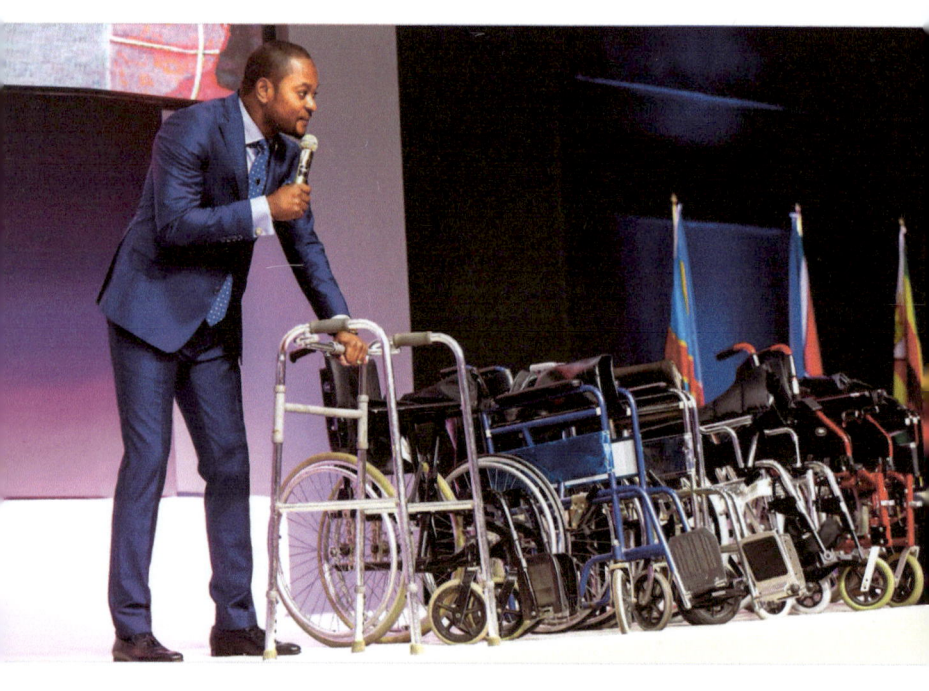

Vorwort

Während ich eines Nachts Zeit in der Gegenwart Gottes verbrachte, wies mich der Herr an, ein Buch zu schreiben. Dieses Buch sollte die Wahrheit über den „Fresser" offenbaren, um Gottes Kinder klar und unmissverständlich vor den Fallen dieses Monsters zu warnen und sie davon zu befreien. Das Volk Gottes stirbt nicht aus Mangel an Kraft oder Salbung, oder aus Mangel an Motivation oder guten Vorsätzen, sondern allein aus Mangel an Erkenntnis.

Erkenntnis ist ein Instrument, welches nicht nur über Leben oder Tod entscheidet, sondern auch darüber, wie weit jemand in seinem Leben kommen wird. Als Kinder des allerhöchsten Gottes sollten wir deshalb stets wachsam sein und anhaltend nach Erkenntnis suchen, die unserem Wohlergehen in Jesus Christus dient.

Ich bete, dass dieses Buch dir die Augen öffnen möge, die Wahrheit über den Fresser zu erkennen, der die Freude am Herrn und die dir von Gott gegebenen Erntefelder in deinem Leben zerstört. Diese Wahrheit wird dein Leben frei machen. Du wirst zurückerlangen, was dir gestohlen wurde und anfangen, die Erfüllung der Verheißungen Gottes in deinem Leben zu sehen.

Ich hatte das Privileg, diese Wahrheit mit mehr als einer Gemeinde zu teilen und in mehr als einer Nation weiterzugeben. Es ist erstaunlich, wie viele Menschen durch das Entdecken und

Anwenden dieser Wahrheit radikal verändert und transformiert wurden. Finanzen wurden freigesetzt, Festungen von Schulden wurden zerbrochen und Ehen wiederhergestellt. Kinder kamen durch Gottes Kraft wieder auf den richtigen Weg, und die Herrschaft von Krankheit und Leid wurde in einem einzigen Augenblick durch die Heilungskraft Gottes gestoppt – denn Er ist Jahwe Rapha, der Herr unser Arzt. Für viele öffneten sich Tore der Freisetzung für eine großartige Zukunft, Segen floss in das Leben vieler Menschen und die Pläne satans wurden vereitelt.

Eine dieser Gemeinden bezeugte, dass sie von Armut regelrecht freigesetzt wurde, als dieses Wort gepredigt wurde. Die Finanzen dieser Gemeinde veränderten sich so dramatisch, dass sie jetzt genug haben, um ihre Vision zu erfüllen. Als es den Einzelnen in der Gemeinde in allen Lebensbereichen zunehmend besser ging, ging es gleichzeitig auch der gesamten Gemeinde besser.

Ich bin von dieser prophetischen Botschaft überzeugt. Wo immer sie gepredigt wurde, haben Menschen Erstaunliches erlebt. Durch die Gnade Gottes wurden Leben berührt und transformiert.

Wenn du für eine revolutionäre Wahrheit und für dramatische Veränderung in deinem Leben bereit bist, dann bete dieses Gebet mit mir. Gott unser Herr möge dein Verständnis erleuchten, um die Wahrheit zu ergreifen, die dich von den Schlichen und den Absichten des feindes befreit:

Lieber Herr Jesus,
ich danke Dir für das Privileg, die Wahrheit zu lesen,
die Du in diesem Buch offenbarst.
Herr, ich bete, dass ich die Rhema-Worte in diesem Buch
entdecken kann.
Herr, gib mir Mut und Kraft, dieses Buch bis zum Ende zu lesen,
damit ich durch diese Wahrheit mit Kraft ausgerüstet
und völlig in meinem Wesen verwandelt werde.
Danke, dass Du meine Gebete erhörst.

Amen.

Einleitung

Eine große Frage hat mich in meinem Leben immer beschäftigt: Warum erfüllen sich die göttlichen Verheißungen heute nicht mehr so wie in biblischen Zeiten? Warum beanspruchen wir, das Haupt zu sein, aber in der Praxis sind wir es nicht? Nur eine unbedeutende Zahl von Gläubigen im Leib Christi kann heute selbstbewusst erklären, dass sie eine Führungsrolle in ihrer Berufsgruppe, in ihrer Familie oder in ihren Nationen eingenommen haben.

Aus Furcht, man könnte sie als Pessimisten einstufen, sind zahlreiche der heutigen geistlichen Leiter eher skeptisch, wenn es darum geht, über die realen Herausforderungen innerhalb des Leibes Christi zu sprechen. Sie vermeiden diese Themen, um ihr Ego und ihren guten Ruf zu schützen. Ich verstehe, was sie dazu bewegt, aber ich möchte sie von ganzem Herzen davon überzeugen, dass es nicht die Lösung ist, vor der Wahrheit davonzulaufen. Wir müssen kühn unseren Stand einnehmen und den Herausforderungen begegnen, denn wir können unsere Ängste nur dann überwinden, wenn wir sie konfrontieren. Wenn wir Veränderung im Leib Christi sehen wollen, müssen wir die „Kunst der Konfrontation" erlernen.

Ist es mangelnder Glaube, der uns davon abhält, den Herausforderungen entgegenzutreten, denen die Kinder Gottes in der heutigen Zeit gegenüberstehen? Wenn wir diese Herausforderungen ernst nehmen, ist das, so glaube ich, ein Zeichen echten Glaubens ohne Heuchelei. Reformation kommt in die Gemeinde. Gott macht keine falschen Versprechungen. All Seine Verheißungen sind „Ja und Amen" in Christus.

Deshalb können wir heute ein erfülltes Leben genießen, in dem sich die uns gegebenen Verheißungen Gottes erfüllen. Das ist Sein Wille für uns. Ich glaube, die Mehrheit derjenigen, die die Kraftlosigkeit und das Fehlverhalten der heutigen Gemeinde entschuldigen und somit geradezu beschützen, ist von der Hölle inspiriert. Sie wollen auf diese Weise die Reformation verhindern, die der Heilige Geist den geistlichen Wächtern der heutigen Zeit bereits vorausgesagt hat.

Echter Glaube verleugnet die Realität nicht, er transformiert sie. Echter Glaube versteht und erfasst die Realität, deshalb kann er sie auch effektiv verändern. Wenn du körperliche Schmerzen hast, aber andauernd proklamierst, dass du keine Schmerzen haben würdest, um auf diese Weise deinen Glauben auszudrücken, lebst du in einer Form von Verleugnung und beweist damit eigentlich nur deine Unwissenheit. Die Transformation beginnt in dem Moment, in dem du erkennst, dass es dir nicht gut geht und du Schmerzen hast. Deine Situation als solche objektiv anzuerkennen, bedeutet nicht, dass du diesen Zustand für dich auch automatisch akzeptierst und annimmst. Erkennen und Annehmen sind zwei verschiedene Dinge. Du kannst erkennen, dass du Kopfschmerzen hast, ohne gleichzeitig die Schmerzen für dich anzunehmen und sie sozusagen in deinem Körper willkommen zu heißen.

Es liegt eine Gefahr darin, Situationen und Umstände zu akzeptieren, die der feind um uns herum schafft. Es gibt Menschen, die auf die Frage, wie es ihnen geht, folgendermaßen antworten: „Es ginge mir eigentlich gut, wenn meine Krankheit nicht wäre, oder meine bedrückende Situation oder meine Probleme", und so weiter. Indem sie so antworten und diese Dinge als zu ihnen gehörend erklären, verkünden sie auf diese Weise, dass es rechtmäßig zu ihrem Leben gehört. Und so werden diese Sachen zu ihrem Eigentum. Sie haben sie für sich beansprucht. Was du annimmst und akzeptierst, wird ein Teil von dir sein, und es wird in deinem Leben Auswirkungen haben, seien sie gut oder schlecht. Die Bibel lehrt uns, dass Tod und Leben in der Gewalt der Zunge liegen:

Tod und Leben sind in der Gewalt der Zunge, *und wer sie liebt, wird ihre Frucht essen.*
Sprüche 18,21

Achte auf das, was du bekennst, sonst kann es sein, dass dein Leben die Hölle auf Erden ist. Das bedeutet aber gerade nicht, dass du deine Situation oder deine Umstände verleugnest. Denn wie kannst du etwas verändern, was du nicht erkannt und als Realität in deinem Leben identifiziert hast?

Gottes Söhne und Töchter sind weise und haben ein tieferes Verständnis für Dinge, welche die natürlichen Kinder dieser Welt nicht erfassen können. Gottes Kinder verstehen, welche Kraft und Autorität ihnen gegeben wurde, um allen Situationen und feindlichen Strukturen, die es unter der Sonne gibt, siegreich zu begegnen.

Der Glaube lehrt uns, die Dinge, die in unserem Leben oder um uns herum geschehen, nicht zu verleugnen. Sondern nachdem wir sie objektiv erkannt haben, hilft uns unser Glaube, sie in der Kraft Gottes zu verändern. Durch meinen Glauben bin ich in der Lage, Dinge zu erkennen, zu verstehen und zu identifizieren, die uns als Kinder Gottes, als Teil des Leibes Christi nicht passieren sollten. Und dann gebe ich mein Bestes, um mit Gottes Hilfe diese Dinge zu verändern.

Alle nämlich, die ohne Gesetz gesündigt haben, werden auch ohne Gesetz verlorengehen; und alle, die unter dem Gesetz gesündigt haben, werden durch das Gesetz verurteilt werden – denn vor Gott sind nicht die gerecht, welche das Gesetz hören, sondern die, welche das Gesetz befolgen, sollen gerechtfertigt werden.
Römer 2,12-13

Die Kräfte hinter den Herausforderungen, die uns als Leib Christi in der heutigen Zeit entgegenstehen, kommen nicht von Gott. Er hat uns jedes Werkzeug gegeben, das wir brauchen, um die Erfüllung Seiner Verheißungen in unserem Leben freizusetzen.

Kapitel 1

Sünde ist tödlich

Möge der Herr durch dieses Buch helfen, die unglückliche und bedauerliche Realität im Leben vieler heutiger Christen zu verändern und zu transformieren.

Im Leben der heutigen Gemeinden und auch in unserem persönlichen Leben sind beschämend viele Schwächen zu erkennen. Um dies zu verstecken, haben wir eine Verschleierungstaktik entwickelt: Wir halten kraftvolle Predigten, die unsere Schwächen, unseren Ungehorsam Gott gegenüber und unser Unverständnis über den wahren Sinn unseres Lebens rechtfertigen.

So predigen wir weiter, dass Armut und Krankheit nicht so schlimm sind. Wir predigen, dass Gott häufig Armut gebraucht, um uns Seine Wege zu lehren. Wir predigen auch, dass Armut uns demütigt, und uns vor Stolz und einem Geist des Prahlens bewahrt. Andere behaupten, dass Armut uns von Sünde fernhält. Wie auch immer die Meinungen sein mögen, eine Frage bleibt: „Gebraucht Gott wirklich Armut, um uns Demut zu lehren?"

Einige gehen noch weiter und schlagen vor, dass du nicht gleich jede Krankheit zurückweisen sollst, denn du weißt ja nicht, ob diese Krankheit von Gott erlaubt wurde, um dir zum Besten zu dienen. Würde Gott wirklich Seine Kinder in Krankheit und Leiden gefangen halten, nur um sie von Sünde fernzuhalten? Nein. So arbeitet Gott nicht. Er ist ein Gott der Heilung und der Fülle. Er versorgt alle Seine Kinder mit materiellem Wohlstand, guter Gesundheit und himmlischen Gaben.

Ich habe vier Söhne und zwei Zwillingstöchter. Ich liebe sie alle sehr und würde es niemals wagen, sie etwas Bösem auszusetzen, nur damit sie wichtige Lektionen für ihr Leben lernen. Ich würde niemals die Hand eines meiner Kinder mit Feuer verbrennen, nur damit es erkennt, wie gefährlich es ist, damit zu spielen. Es gibt nichts auf der Welt, was es rechtfertigen würde, etwas Schlechtes in die Nähe meiner Kinder zu lassen. Das wäre eine völlig unverantwortliche Haltung, und wenn ich es täte, würde ich es sicherlich irgendwann sehr bereuen.

Unser Gott hat viele Möglichkeiten, um uns Seine Wege zu lehren und Er benötigt nicht die Assistenz des Bösen dazu. Ansonsten wäre das Opfer, das Jesus Christus am Kreuz auf Golgatha bezahlt hat, umsonst gewesen.

Mir ist wichtig, Folgendes klarzustellen: Gott wendet in Seiner Kraft das Böse, das uns begegnet, in etwas um, was uns zum Guten dient. Er wendet unseren Fluch in Segen, was aber nicht bedeutet, dass Er das Böse in unserem Leben verursacht hat, nur damit uns etwas Gutes daraus erwächst. Keine Krankheit kam jemals von Gott, und keine Krankheit wird jemals von Gott kommen. Selbst dort, wo Krankheit die Kontrolle übernommen hat, hat Gott die Macht, Seine Herrlichkeit aufstrahlen zu lassen.

Es gibt Diener Gottes, die uns erklären, wie sehr Gott die Armen liebt, und dass es besser ist arm zu sein als reich. Gott liebt die Armen zwar wirklich, aber Er hasst Armut, denn es ist die Frucht eines Fluches. Armut war nie ein Teil von Gottes Plan und ist es auch heute nicht. Jeder arme Mensch ist kraftlos und solange er in Armut gebunden ist, wird er seine von Gott gegebene Mission auf dieser Erde nicht erfüllen können.

Gandhi sagte einmal, wenn es nicht die Christen gäbe, hätte sich die ganze Welt schon zum Christentum bekehrt. Wir bekennen das eine und tun das andere. Unser heutiges Leben widerspricht dem Wesen der uns von Gott gegebenen Botschaft.

Als ich einmal in einer Gemeinde diente, machte ich einen Altarruf, um für die Kranken zu beten. Zu meiner Überraschung eilten mehr als zwei Drittel der Gemeinde zum Altar, um Gebet zu empfangen. Sie alle waren von etwas bedrückt, was Christus am Kreuz auf Golgatha bereits besiegt hat. Warum ist das so? Ist Christus umsonst gestorben? Muss Er noch einen weiteren Preis für dich und für mich bezahlen? Wenn alles am Kreuz vollbracht wurde, warum erleben wir im Leib Jesu dann noch so viel Not?

Vielleicht bist du Teil einer Gemeinde, in der du erlebst, wie die Situation im Leib Christi momentan wirklich aussieht. Glaubt mir, liebe Geschwister, der Leib Christi ist größer als die vier Wände eures Kirchengebäudes oder die Größe eures Netzwerkes. Der Leib Christi repräsentiert die Gemeinschaft aller Gläubigen in der ganzen Welt – in Afrika, Asien, Europa, Amerika und Australien. Wenn du siehst, was gläubigen Christen heute in aller Welt widerfährt, kannst du deutlich erkennen, dass wir uns in unserem Leben sehr weit von der Segensfülle entfernt haben, die Gott uns verheißen hat.

Der Gott, dem wir dienen, ist kein Mensch, dass Er jemals lügen würde, Er ist kein Menschensohn, dass Ihn jemals etwas gereuen würde. Die Bibel verheißt, was immer Sein Mund ausspricht, das werden Seine Hände auch tun. Warum sehen wir dann die Erfüllung Seiner Verheißungen in unserem Leben noch so wenig, obwohl es doch Sein Wort so deutlich sagt?

Die Kräfte hinter den Herausforderungen, die uns als Leib Christi in der heutigen Zeit entgegenstehen, kommen nicht von Gott, auch wenn manche uns das glauben machen wollen. Gott hat uns bereits jedes Werkzeug gegeben, das wir brauchen, um die Erfüllung Seiner Verheißungen in unserem Leben freizusetzen.

Dieses Buch wird dir helfen, die Ursachen deiner Schwäche zu entdecken. Und es wird dich ausrüsten, diese Dinge in Ordnung zu bringen, denn auch du sollst all das Gute, das Gott für Seine treuen Kinder bereitgestellt hat, genießen dürfen. Du wirst der Kopf sein und niemals der Schwanz. Du wirst der Erste sein und nicht der Letzte; es soll dir wohl ergehen in allen Dingen und du sollst bei guter Gesundheit sein, so wie es deiner Seele gut gehen soll. Die, die auf einem Weg gegen dich ankommen, werden auf sieben Wegen zerstreut fliehen. Du wirst den Rücken deiner Feinde sehen.

Du wirst in Heilung vorangehen. Du wirst vom „Teller der Wunder" essen, auf einem „Bett der Gnade" schlafen und im „Wasser der Größe" schwimmen, denn du wirst mit der Herrlichkeit des Herrn bekleidet sein.

Darum, gleichwie durch einen Menschen die Sünde in die Welt gekommen ist und durch die Sünde der Tod, und so der Tod zu allen Menschen hingelangt ist, weil sie alle gesündigt haben – denn schon vor dem Gesetz war die Sünde in der Welt; wo aber kein Gesetz ist, da wird die Sünde nicht in Rechnung gestellt.
Römer 5,12-13

Jede Niederlage unseres Lebens hängt mit einer bestimmten Sünde zusammen.

Jede Sünde, der du nachgibst, wird dein Leben am Ende völlig kontrollieren. Sieh dich vor, die Sünde darf nicht auf die leichte Schulter genommen werden.

Kapitel 2

Sünde verstehen

Jede Niederlage unseres Lebens hängt letztlich mit einer bestimmten Sünde zusammen. Es mag eine sogenannte kleine oder eine große Sünde sein. Wenn wir ein Leben im Sieg leben wollen, müssen wir lernen, die Sünde in unserem Leben zu bekämpfen. Als Kinder des allerhöchsten Gottes werden wir unterschiedlichste Kämpfe, Herausforderungen und Prüfungen erleben, die manchmal schier unerträglich scheinen. Aber das Wort Gottes gibt uns die volle Zusicherung, dass wir immer siegreich sein werden. Jesus sagte:

*In dieser Welt werdet ihr Anfechtungen haben, aber fasst Mut, denn Ich habe **die Welt überwunden**.*
Johannes 16,33

In Christus sind wir mehr als Überwinder. Wir haben die Zusicherung des Sieges, sogar schon bevor der Kampf überhaupt begonnen hat. Ein Kind Gottes, das in Sünde lebt, wird jedoch niemals den Sieg Christi im Leben erleben können. In allem, was ich über einen siegreichen Lebensstil lehre, ist es unumgänglich, deutlich vor der Sünde zu warnen. Sieh dich vor! Deine Sünde ist eine Falle. Deine Sünde ist der Ursprung deiner Schwäche und Kraftlosigkeit. Deine Sünde ist die Quelle und das Fahrwasser eines Lebens in Niederlage. Jeder Einzelne von uns muss sich der Sünde bewusst sein und sich davon fernhalten.

Der Lohn der Sünde ist der Tod.
Römer 6,23

Jede Sünde trägt den Samen des Todes in sich. Menschen versuchen aus Gründen der Bequemlichkeit, Sünden entweder als groß oder als klein zu klassifizieren, aber es bleibt die Wahrheit, dass jede Sünde am Ende Tod produziert. Tod ist der Lohn für jeden, der Sünde tut, sie sozusagen umarmt. Weil Gott die Gefahr der Sünde kennt, warnt Er Seine Kinder durch Sein gesamtes Wort hindurch immer und immer wieder, sich ihr nicht zu nahen.

Jedes Mal, wenn wir uns für die Sünde öffnen, öffnen wir uns deshalb auch für den Tod. Sorge dafür, dass die Sünde sich von dir fernhält, sonst kommt der Tod zu dir nach Hause. Halte Sünde fern von deiner Familie, deiner Ehe, deiner Karriere, deiner Firma, sonst wird letztlich der Tod dort hineinkommen und über dein Leben herrschen. Sünde zerstört ohne Mitleid und sie lässt niemanden aus. Die Herausforderung ist, dass sie auf den ersten Blick harmlos und attraktiv erscheint. Sie tarnt sich und verbirgt normalerweise den gigantischen Schaden, den sie im Leben eines Menschen anrichten wird – sofern ihr die Gelegenheit dazu gegeben wird.

Ein junger Mann, der in Ausschweifung und Unzucht lebt, wird gerne daran glauben, dass dies für einen jungen Menschen eine gesunde Lebensweise ist. Sein Leben scheint so voller Spaß und Vergnügen zu sein, dass er nicht mehr davon lassen kann, was auch immer geschieht. Er wird immer weiter sündigen, bis die Sünde ihn beißt wie eine giftige Schlange. Leider sind viele Menschen, die in Sünde gefallen sind, zu spät aufgewacht, um ihre Situation wieder umkehren zu können.

Als Resultat der Sünde werden wir heute von Krankheit beherrscht. HIV/Aids zerstört unsere Jugend; Kriege und Genozide verwüsten unsere Welt; Korruption wirkt sich negativ auf unser Wertesystem aus. Gleichzeitig beschmutzen Terroranschläge das Gefüge unserer Welt und bedrohen den Weltfrieden.

Wenn Sünde erst einmal in dein Leben hineingekommen ist, wird sie es beherrschen und umfassend kontrollieren. Viele Menschen denken, sie könnten für einen kurzen Moment in den „Pool der Sünde" eintauchen. Dann wollen sie schnell wieder herauskommen und der Sünde nicht erlauben, sie festzuhalten. Oft sind sie dann aber sehr erstaunt, dass die Sünde sie schon längst fest ergriffen hat und zwar schon ab dem Moment, als sie sich nur ein wenig auf sie zubewegten.

Wenn du erst einmal in der Sünde gefangen bist, wird die Sünde Folgendes mit dir tun:

· Sie wird dafür sorgen, dass du dich etwas länger darin aufhältst, als du eigentlich wolltest.
· Sie wird dafür sorgen, dass du etwas mehr davon tust, als du eigentlich wolltest.
· Sie wird dafür sorgen, dass du etwas weiter gehst, als du eigentlich wolltest.
· Sie wird etwas mehr von dir nehmen, als du eigentlich geben wolltest.

Jede Sünde, der du nachgibst, wird dein Leben am Ende völlig kontrollieren. Sieh dich vor, die Sünde darf nicht auf die leichte Schulter genommen werden.

Es gibt Menschen, die einfach aus Spaß zum ersten Mal Alkohol getrunken haben. Im Laufe der Zeit stellten sie fest, dass sie immer mehr tranken und von einem Glas oder einer Flasche zur nächsten griffen. Heute sind sie als Alkoholiker bekannt.

Dasselbe gilt auch für jede andere Sünde. Vielleicht fühltest du dich unter Druck gesetzt, mit deinen Freunden mitzuhalten. Du bist zum ersten Mal mit einem Jungen oder einem Mädchen ausgegangen und alles ging gut. Es fühlte sich an, als hättest du alles im Griff, aber anschließend kroch die Realität in deine Situation. Und jetzt springst du von einer Beziehung zur nächsten. Du hast ein ernsthaftes sexuelles Problem und es ist schwer für dich, in einer festen Beziehung zu bleiben.

Jedes Mal, wenn Sünde hereinkommt, geht Gott hinaus

Eine der Eigenschaften Gottes, die die Bibel sehr deutlich betont und die wir sorgfältig beachten sollten, ist Seine Heiligkeit. Gott befahl Mose, das Volk Israel zur Heiligkeit aufzurufen, so wie Er selbst heilig ist (3.Mose 19,2). Gott ist heilig und deshalb kann Er in Seiner Gegenwart keine Sünde tolerieren. Wo immer Sünde willkommen ist, ist Gott nicht willkommen, und jedes Mal, wenn Sünde hereinkommt, wird Gott hinausgehen.

Deshalb müssen Menschen äußerst vorsichtig sein, Sünde nicht den Weg in ihre Familie, in ihr Heim, in ihre Projekte, in ihre Finanzen und alle ihre Handlungen hineinfinden zu lassen. Wir müssen unser Leben prüfen und sicherstellen, dass Sünde keinen Anteil an uns hat. Sonst wird sich Gott von uns zurückziehen und die Herrschaft des Todes wird aufgerichtet.

Wenn aber Christus in euch ist, so ist der Leib zwar tot um der Sünde willen, der Geist aber ist Leben um der Gerechtigkeit willen. Wenn aber der Geist dessen, der Jesus aus den Toten auferweckt hat, in euch wohnt, so wird derselbe, der Christus aus den Toten auferweckt hat, auch eure sterblichen Leiber lebendig machen durch seinen Geist, der in euch wohnt.
Römer 8,10-11

Egal, welche Position du im Moment im Leib Christi innehast, wenn Sünde in dein Leben kommt, wirst du untergehen.

Immer wenn Kinder Gottes sich der Sünde öffnen, geben sie dem feind eine Gelegenheit, sie anzutasten und ihrem Leben zu schaden.

Sünde bedeutet nicht nur, das Falsche zu tun. Sünde bedeutet auch, das Richtige nicht zu tun.

Kapitel 3

Stärker als der teufel

Sünde brachte den teufel hervor

Ich bin überzeugt, dass satan einst ein Erzengel Gottes war, der das gewaltige Lobpreis- und Anbetungsteam des Himmels leitete. Er war mit großer Schönheit bekleidet und genoss hohes Ansehen vor den anderen Engeln.

Er wurde luzifer genannt, was wörtlich „Lichtbringer" bedeutet. Er war hoch erhaben – ganz rein und weiß. Eines Tages öffnete er sein Herz der Sünde und zog es vor, Gottes Rivale anstatt Sein Diener zu sein.

Aus Stolz begehrte er die Position seines Schöpfers und wollte sein wie Er. Er initiierte im Himmel eine rebellische Bewegung gegen Gott. Eine Anzahl der Engel ging in diese Falle und unterstützte ihn. Wann immer ein guter Leiter auf Abwege gerät, sind seine Nachfolger auch in Gefahr, davon beeinflusst zu werden. Nach meinem Verständnis sagt die Bibel, dass ein Drittel der Engel Gottes luzifer in seiner Rebellion folgten. Als Konsequenz davon wurden sie aus der Gegenwart Gottes entfernt und hinausgeworfen.

Du musst dir über eines klar werden: Wann immer du jemanden unterstützt, der gegen Gott gesündigt hat, unterliegst du derselben Strafe. Deshalb sei darauf bedacht, nicht an der Sünde eines anderen teilzuhaben, auch wenn die Person auf irgendeine Weise wichtig für dich ist. Wenn es um Sünde geht, gibt es keine Freundschaften.

Als derjenige, der einst „Lichtbringer" genannt wurde, von der Gegenwart Gottes entfernt und hinausgeworfen wurde, wurde er zu satan, zum feind. Er wird auch der teufel genannt, der Ankläger.

Egal, welche Position du im Moment im Leib Christi innehast, wenn Sünde in dein Leben kommt, wirst du untergehen. Wer immer glaubt, dass Salbung oder Gunst mit Gott weiterhin bestehen bleiben, obwohl er in Sünde lebt, betrügt sich selbst. Simson war ein großartig von Gott gesalbter Mann, der vom Herrn für eine bestimmte Aufgabe für das Volk Israel ausgewählt wurde. Er lebte in Sünde und schadete sich selbst dabei enorm. Als Resultat konnte er seine Mission nicht erfüllen. Hüte dich vor der Sünde, denn sie ist giftiger als die giftigste Schlangenbrut.

Sünde ist gefährlicher als der teufel

Sünde ist gefährlicher als der teufel, denn eigentlich war es die Sünde, die den teufel erst hervorbrachte. Wir brauchen uns nicht vor Zauberern, dämonen oder anderen Gefolgsleuten des teufels zu fürchten, denn wenn wir nicht in Sünde leben und unser Leben Gott ganz hingegeben ist, sind sie alle völlig machtlos.

Paulus sagte in Kolosser 3,3 über die Kinder Gottes:
*Denn ihr seid gestorben, und **euer Leben ist verborgen** mit dem Christus **in Gott**.*

Und Jesus Christus selbst sagte in Lukas 10,19:
Siehe, Ich gebe euch die **Vollmacht**, *auf Schlangen und Skorpione zu treten, und über alle Gewalt des feindes; und* **nichts wird euch** *in irgendeiner Weise* **schaden**.

Als Kinder Gottes leben wir nicht nur unter Gottes Schutz, sondern Er hat uns auch dazu ausgerüstet, stärker als unsere feinde und all ihre Kraft zu sein. Die eigentliche Herausforderung kommt, wenn wir in unserem Leben eine Sünde begehen und damit dem teufel eine Tür öffnen.

In 1. Johannes 5,18 lesen wir:
Wir wissen, dass jeder, der aus Gott geboren ist, **nicht sündigt**; *sondern wer aus Gott geboren ist, der bewahrt sich selbst, und* **der Böse tastet ihn nicht an**.

Immer wenn Kinder Gottes sich der Sünde öffnen, geben sie dem feind die Gelegenheit, sie anzutasten und ihnen zu schaden. Deshalb wird heute das Leben so vieler Kinder Gottes durch den feind verwüstet.

Jesus sagte: „*Es kommt der Fürst dieser Welt, und in Mir hat er nichts.*" Er wusste, dass Er stärker als der feind war, denn Er hatte keinerlei Sünde begangen, die dieser gegen Ihn hätte verwenden können. Hätte Jesus irgendeine Sünde getan, wäre es dem teufel gelungen, Ihn anzutasten. Deshalb setzte der teufel in Matthäus 4,1-4 alles in seiner Macht Stehende daran, Jesus dazu zu bringen, in Sünde zu fallen. Während der Versuchung bot er Jesus alle irdischen Reichtümer an, doch der Herr war davon weder beeindruckt noch erlag Er der Verführung, deshalb verlor der teufel den Kampf.

Nimm dich vor der Sünde in Acht. Wenn sie dich einmal erwischt hat, wird sie dich ohne Mitleid zerreißen, sie wird dich von oben nach ganz unten befördern, sie wird Schande über dich bringen und dich in einen kraftlosen Menschen verwandeln.

Der teufel benutzt Sünde, um durch die Risse und Öffnungen, die sie schafft, in unser Leben einzudringen

Sünde in unserem Leben gibt dem teufel ein legales Anrecht zu stehlen, zu töten und zu zerstören. Er muss nur darauf warten, dass Sünde im Leben eines Menschen Raum gewinnt. Dann folgt er dieser Sünde, um sich im Leben des Menschen immer mehr zu entfalten. Wir sehen im Wort Gottes, dass jede Sünde, die das Volk Israel beging, großes Leid, Trockenheit, verlorene Kriege, Gefangenschaft, Krankheiten und viele andere Arten des Unheils nach sich zog. Sei wachsam! Öffne in deinem Leben der Sünde keine Tür gegen Gott. Es ist zu deinem eigenen Besten. Gib dem teufel durch Sünde keinen Zutritt, sonst wird dies dich letztlich völlig zerstören.

Sünde ist die Waffe, die dem feind zur Verfügung steht. Er kennt die Macht der Sünde und deshalb versucht er, dich dazu zu bringen, sie zuzulassen und zu tun, denn dann wird er dich ohne viel Aufwand zerstören können. Um effektiv gegen dich vorzugehen, hat der feind eine maßgeschneiderte Sünde, die genau auf deine Persönlichkeit, deinen Geschmack, dein Verlangen und deine Wünsche zugeschnitten ist. Der teufel weiß, dass sich mit dieser maßgeschneiderten Sünde seine Chancen, dich zu erwischen, sehr vergrößern und sein Plan gegen dich gelingen kann.

Wir müssen uns vor der Sünde hüten. Das bedeutet vor allem auch vor der Sünde, durch die wir, je nach unserer individuellen Persönlichkeit, am meisten angreifbar sind. Für jeden von uns gibt es die eine, für uns einzigartige Sünde. Es gibt Versuchungen, die der feind gar nicht erst gegen dich anwenden wird, weil er genau weiß, dass sie dir nichts ausmachen. Du bist einfach zu stark für sie. Jemand anderes mag dadurch angreifbar sein.

Es gibt bestimmte Dinge, die der feind über dich weiß. Dieses Wissen setzt er spezifisch gegen dich ein, und deshalb greifen dich bestimmte Dinge mehr an als jemand anderen. Für einige hat die Versuchung mit Geld zu tun, für andere ist es alles, was mit Sexualität verbunden ist, oder es ist ihre Karriere und so weiter. Hüte dich vor der Sünde, die der feind für dich maßgeschneidert hat. Sei auf der Hut und denke daran, dass sie das Mittel für ihn ist, einen Weg zu bahnen, um dich zu zerstören.

Was ist Sünde?

Die Bibel definiert Sünde als Übertretung gegen Gottes Gebote. Wenn du nicht tust, was Gott für dich bestimmt hat, oder was

Er dir zu tun geboten hat, hast du Seine Gebote übertreten und somit gegen Ihn gesündigt. In einfachen Worten bedeutet Sünde, das Falsche und Verbotene zu tun. Stehlen, Lügen, Betrügen, Unzucht – all diese Aktivitäten sind Sünde. Wer das Falsche tut, sündigt gegen Gott, und Er fordert uns alle auf, das Gute und nicht das Böse zu tun.

Aber Sünde bedeutet nicht nur das Falsche zu tun. Es ist ebenso Sünde, wenn wir das Richtige nicht tun. Zum Beispiel: nicht zu beten, nicht das Wort Gottes zu studieren, nicht das Evangelium weiterzugeben, keine Opfer zu geben, obwohl Gott es erwartet, nicht deinen Zehnten in das „Lagerhaus Gottes" zu bringen und so weiter. Es gibt Sünden, die wir aktiv begehen und Sünden, bei denen wir etwas unterlassen. Wenn wir etwas Falsches tun, was wir nicht tun sollten, ist es eine Sünde, die wir aktiv begehen. Wenn wir etwas nicht tun, was wir tun sollten, ist es eine Unterlassungssünde.

Mir sind Menschen begegnet, die sich wundern, warum der teufel so frei in ihrem Leben agieren kann, obwohl sie sich nicht erinnern können, etwas Falsches getan zu haben. Diese Menschen verstehen nicht, dass es genauso schlimm ist, das Gute nicht zu tun wie das Falsche zu tun. Das Gute nicht zu tun ist auch Sünde, und an diesem Punkt hat der feind viele Menschen im Griff. Vielleicht behauptest du, dass du nichts falsch machst. Preis sei dem Herrn dafür, aber das ist leider nicht genug. Du solltest dich auch fragen: Tue ich in meinem ganz normalen Leben auch Dinge, die dem Herrn wohlgefallen?

Das Richtige nicht zu tun, ist eine Falle, in welcher der feind viele Christen heutzutage fangen konnte. Obwohl sie Gott dienen möchten und fest im Glauben stehen wollen, haben sie ihre Beziehung zu Ihm vernachlässigt. Und das hält sie fern von Seiner heiligen Gegenwart. Sie leben letztlich ein leeres Leben. Es scheint, als sei der Himmel über ihnen aus Stahl, und als sei Gott weit von ihnen entfernt. Sie bitten, aber sie empfangen nicht. Sie klopfen an, aber niemand öffnet. Sie suchen, aber sie finden nicht. Und das geschieht nicht, weil sie das Falsche tun, sondern einfach nur deshalb, weil sie das Richtige nicht tun.

Wir müssen verstehen, welche Pflichten und welche Verantwortung wir in Christus haben. Es macht uns inaktiv und apathisch, wenn wir unsere Pflichten und unsere Verantwortung nicht verstehen. Stattdessen sollten wir das tun, was von uns erwartet wird. Wenn wir unsere Pflichten nicht erfüllen, hält uns das vom Zugang zu den Verheißungen und Segnungen fern, die Gott für uns bereithält.

Die Sünde kam nicht erst heute in diese Welt hinein. Sie kann für uns jedoch dann gestoppt werden, wenn wir unsere sündigen Wege ändern und durch das Blut Jesu in neue Menschen verwandelt werden. Das Wort „Sünde" ist kein neumodisches Wort, sondern ein uralter Feind, der sich hartnäckig weigert, sich unterzuordnen. Wir müssen ernsthaft und beständig für unsere Sünden Buße tun, damit wir durch die Gnade unseres Herrn Jesus Christus unser Leben „zurückerobern" können.

Der Fresser ist ein böser Geist, der den Besitz und die Versorgung des Volkes Gottes angreift. Er ist ein sehr strategischer dämon im Dienst des feindes und hat durch viele Zeitalter hindurch gewirkt. In unserer Generation agiert er mehr als je zuvor. Wann immer satan eine Strategie aufrichtet, um die Gemeinde Jesu von dem abzuhalten, wozu sie berufen ist, benutzt er diesen bösen Geist. Wann immer der feind die Anbetung des Volkes Gottes attackieren will, setzt er ihn ein. Ich betrachte diesen bösen Geist als den destruktivsten aller dämonen, die der teufel zur Verfügung hat. Doch die Gemeinde ignoriert sein Wirken und seine Anwesenheit seit Jahren. Sie hat sich – zumindest bei uns in Südafrika – auf die Angriffe einzelner Zauberer und Hexenmeister fokussiert, anstatt das Hauptaugenmerk auf den größten von ihnen zu richten – den Fresser. Die Gemeinde hat sich auf die Frucht konzentriert, anstatt auf die Wurzel. Diese Frucht ist Krankheit, Armut und letztlich jede Frucht des Bösen. Wenn wir die Früchte zerstören wollen, müssen wir zunächst die Wurzel ein für alle Mal vernichten.

Als Gemeinde Jesu Christi sollten wir unsere Augen weit offenhalten und unseren feind mit einer schlagkräftigen, exzellenten Strategie konfrontieren. Durch dieses Buch möchte der Herr Seine mächtige Armee aufrichten. Dies ist die Armee der letzten Ausgießung des Heiligen Geistes auf dieser Erde. Und diese Armee wird aufstehen gegen den Fresser, diesen schrecklichen dämon. Er ist der größte all der dämonen, die Armut hervorbringen. Dieser dämon hat eine Menge anderer unreiner Geister unter sich, die er einsetzt, um seine Absichten zu erreichen.

Unsere Generation muss verstehen, dass Gott uns die Versorgung zur Verfügung gestellt hat, um die Vision, die Er uns gegeben hat, zu erfüllen. Deshalb sollten wir nicht den feind herbeirufen und ihm ermöglichen, das zu stehlen, was uns im Namen Jesu gehört.

Der Fresser kann ein Leben voller Potenzial zu nichts reduzieren. Hüte dich vor seinen Schlichen und Fallen.

Meine Studien und Statistiken zeigen, dass der Fresser im Leben von über 80 % aller Christen völlig frei am Wirken ist. Das bedeutet, dass er häufiger als alle anderen dämonen präsent ist.

Kapitel 4

Den Fresser entlarven

Dem Fresser stehen viele dämonen wie Faulheit, Furcht, Ablenkung, Krankheit, Rebellion, Zauberei, „Isebel", „Leviathan", Tod, Spaltung, Hass, Gier, Selbstsucht und zahlreiche andere zur Verfügung.

Die Tatsache, dass HIV/Aids, Tuberkulose und Malaria Afrika immer noch beherrschen, so viel Schmerz im Leben zahlreicher Menschen verursachen und viele Witwen und Waisen zurücklassen, ist einzig und allein auf das Werk des Fressers auf diesem Kontinent zurückzuführen. Er ist die Quelle der Armut, die in jedem Winkel Afrikas herrscht. Obwohl Afrika mit großem Reichtum und einer Fülle von Bodenschätzen gesegnet ist, sieht man so viele Menschen, die hungern, dürsten und denen es am Nötigsten mangelt. Es gibt Länder in Afrika, die auf der einen Seite mit einer immensen Fülle von Rohstoffquellen gesegnet sind, aber auf der anderen Seite unter schrecklicher Armut leiden. Obwohl sie Bodenschätze wie Diamanten, Gold und Platin besitzen, leidet die Bevölkerung sehr. Warum ist das so? Weil in vielen dieser Länder der Fresser am Werk ist.

Wenn der Fresser im Leben eines Menschen am Wirken ist, sind dessen Fähigkeiten oder Talente für sein Leben, sein Umfeld oder für die Gesellschaft nicht mehr verfügbar. Es gibt Menschen, die viele Talente haben und sehr begabt sind, aber sie mühen sich ab, als hätten sie gar nichts. Der Fresser kann ein Leben voller Potenzial zu nichts reduzieren. Hüte dich vor seinen Schlichen. Wir sollten jede offene Tür finden und unverzüglich schließen, durch die diese finstere Macht in unser Leben kommen will.

Der Fresser sollte der erste Geist sein, den du von deinem Leben zurückweist

Der Fresser nimmt viele Formen an und agiert auf vielerlei Weise, aber seine einzige Zielsetzung ist, *dass deine Hände immer leer bleiben*. Deshalb versucht er alles, um zu verhindern, dass du über irgendeine Art von Wohlstand verfügst oder erfolgreich bist. Des Weiteren versucht er dir und deinem Umfeld all das Gute vorzuenthalten, das du über einen gewissen Zeitraum erreicht hast. In all seinem Tun dient der Fresser seinem Meister, satan. Er zerstört, stiehlt und tötet, mit dem einzigen Ziel – dass deine Hände leer bleiben.

Der Fresser kann im heutigen Leib Christi weiterhin so erfolgreich sein, weil viele von uns wenig über ihn und seine Vorgehensweise gegenüber unserem Leben wissen. Meine Studien und Statistiken zeigen, dass der Fresser im Leben von über 80 % der Christen völlig frei am Wirken ist. Das bedeutet, dass er häufiger als alle anderen dämonen präsent ist.

Der Fresser konzentriert sich dabei nicht in erster Linie auf himmlische und geistliche Dinge, sondern eher auf materielle und greifbare Dinge, die unser tägliches Leben ausmachen. Er ist hinter deinem Wohlstand, deinem Besitz, den materiellen Dingen, deinem Geld, deinen Investitionen, deinem Vermögen und deinem Eigentum her. Er versteht, dass all diese Dinge Gottes Versorgung in deinem Leben darstellen, die dir helfen sollen, deine Vision zu erfüllen. Indem er dich von ihnen fernhält, versucht er zu verhindern, dass du deine Bestimmung auf Erden erreichst.

Als Mose von Gott beauftragt wurde, Israel aus der Sklaverei zu befreien, so berichtet uns die Bibel, weigerte sich der Pharao, Israel ziehen zu lassen. Gott manifestierte Seine Kraft, und viele Zeichen und Wunder geschahen in Ägypten und zwangen den Pharao in die Knie. Er hatte keine andere Wahl, als Israel ziehen zu lassen. Er ließ Mose rufen und teilte ihm mit, dass er Ägypten mitsamt dem Volk verlassen solle. Aber er stellte ihnen eine Bedingung. Sie sollten ihre Habe und ihren Besitz in Ägypten zurücklassen (2.Mose 10,24). In diesem Kontext repräsentiert der Pharao den feind, der Gottes Volk in Gefangenschaft hält und Mose repräsentiert den Diener Gottes, der den Auftrag hat, das Volk des Herrn zu befreien. Der Geist des Fressers kontrollierte den Pharao, und so drängte er ihn, Israel ohne ihr Vieh, ihre Schafe, und ihre anderen Besitztümer in die Wüste ziehen zu lassen. Mose, der für diese Aufgabe gesalbt war, weigerte sich, über diese Bedingungen mit dem Pharao zu verhandeln. Er wusste, dass sie ihre Aufgabe als eine Nation, die den Herrn loben und Ihn anbeten sollte, nicht mit leeren Händen erfüllen konnte.

Ich bin gewiss, dass es einige in der Versammlung Israels gab, die so begeistert waren, endlich aus der Sklaverei befreit zu werden, dass sie dem Pharao erlaubt hätten, all ihren Besitz zu behalten, wenn sie nur freikämen. Aber Mose verstand die Pläne des Fressers, und weigerte sich kategorisch, die Bedingungen des Pharaos zu akzeptieren. Und genauso werden noch heute zwar viele Menschen von der Macht des feindes befreit, aber all ihr Wohlstand und ihr Besitz werden wie einst vom Pharao in Ägypten festgehalten. Als Resultat sind sie nicht in der Lage, Gott auf praktische Weise anzubeten.

*Da ließ der Pharao Mose rufen und sprach: Geht hin, dient dem Herrn; nur **eure Schafe und Rinder sollen hierbleiben**; lasst auch eure Kinder mit euch ziehen! Mose sprach: Du musst auch Schlachtopfer und Brandopfer in unsere Hände geben, dass wir sie dem Herrn, unserem Gott, darbringen können; aber auch unser eigenes Vieh soll mit uns gehen, und nicht eine Klaue darf zurückbleiben; denn **davon müssen wir nehmen, um dem Herrn, unserem Gott, zu dienen**. Auch wissen wir nicht, womit wir dem Herrn dienen sollen, bis wir dorthin kommen!*
2.Mose 10,24-26

Der Fresser weiß, dass der Mensch zwar ein geistliches Wesen ist, die Grundlage seiner Autorität aber nicht himmlisch, sondern irdisch ist. Hier auf der Erde trifft er die Wahl für die Ewigkeit. Hier auf der Erde wird er seine ewige Belohnung erwirken – oder das Gericht.

*Und Gott sprach: Lasst uns Menschen machen **nach unserem Bild, uns ähnlich**; die sollen herrschen über die Fische im Meer und über die Vögel des Himmels und über das Vieh und über die ganze Erde, auch über alles Gewürm, das auf der Erde kriecht.*
1.Mose 1,26

*Der Himmel ist der Himmel des Herrn; aber **die Erde hat er den Menschenkindern gegeben**.*
Psalm 115,16

Zuallererst ist der Fresser dann erfolgreich, wenn er Christen zu dem Glauben verleiten kann, dass materielle und greifbare Dinge unwichtig sind, und heute ausschließlich ewige und geistliche Dinge zählen. Ein Mensch, der weltliche oder materielle Güter besitzt, wird als weniger geistlich betrachtet.

Wer auf der heiligen Kanzel Gottes steht und versucht, die Gemeinde davon zu überzeugen, dass all die Dinge dieses Lebens bedeutungslos sind und unsere Aufmerksamkeit nicht verdienen, begeht einen großen Fehler. Denn das ist nicht der Wille Gottes für Sein Volk. Die Wahrheit ist, dass Gott all den Reichtum dieser Welt erschaffen hat, damit Sein Volk ein besseres Leben führen kann, und dass Sein Volk in Dankbarkeit dann diesen Wohlstand gebrauchen soll, um Ihn anzubeten. Wie kann man es wagen, Armut als Willen Gottes für Sein Volk zu rechtfertigen?

Ein Pastor in einer der Provinzen Südafrikas berichtete mir von den Herausforderungen, die ihm in der Leitung seiner Gemeinde begegneten. Er sagte, dass sich seine Gemeinde Konferenzen oder Evangelisationen nicht mehr leisten könne. Er erklärte, was für ein Dilemma es sei, diese Realität mit seiner Gemeinde zu teilen, denn es wäre eine neue Lehre im Umlauf, die einzig und allein darauf abzielte, Pastoren zu entmutigen, über materielle Dinge, insbesondere über Finanzen zu sprechen. Diese Pastoren, so sagte man, gingen in die Irre und seien nicht ernst zu nehmen. Doch eine Gemeinde funktioniert nicht allein durch Gebet. Es werden viele andere, „normale" Dinge benötigt und treue Gemeindemitglieder kümmern sich darum.

Es kostet heutzutage in der Regel sehr viel Geld, einen Ort für Gottesdienste einzurichten. Stühle, Musikinstrumente und eine Soundanlage bezahlt man nicht mit Gebet. Eine Veranstaltung, die den Leib Christi aufbauen und Menschen für Christus gewinnen soll, kann nicht nur durch Fasten und Gebet bezahlt werden. Man braucht dazu schlichtweg auch Geld.

Je mehr Gottes Werk durch unsere aufrichtigen Opfergaben gedeiht, desto erfolgreicher werden wir sein. Leider sieht es so aus, als würden wir Christen sehr viel länger brauchen, bis wir diese fundamentale Wahrheit verstanden haben. Wir neigen dazu, so wenig wie möglich zu geben, und erwarten, dafür so viel Segen und Wohlstand wie möglich zu erhalten – und das, ohne die Schritte zu unternehmen, die beides ins Gleichgewicht bringen. Zwar ist Gott nicht an unserem Geld interessiert, aber dennoch sieht Er unsere Opfergaben als eine Maßeinheit unserer Liebe zu Ihm und unserer Hingabe gegenüber Seinem Wort. Mit den Ressourcen, die uns zur Verfügung stehen, sollen wir Ihn anbeten, loben und gehorsam sein.

Die Güter dieser Welt stehen uns zur Verfügung, damit wir sie gebrauchen, um Gott anzubeten und um der Welt den Weg zur Erlösung zu zeigen. Wasser ist kostenlos, aber die Bereitstellung kostet Geld. So ist es auch mit dem Evangelium Jesu. Es wird kostenlos weitergegeben, aber seine Bereitstellung und Verteilung kostet Geld. Es werden Ressourcen benötigt, um alle Enden der Erde mit dem Evangelium zu erreichen. Jemand sagte einmal, dass Salbung ohne die nötigen Mittel – also Geld – gefährlich sein kann.

Glaube mir, ohne Geld wird es keinem Dienst jemals gelingen, die Welt zu erschüttern. Sogar Jesus hatte einen
Kassenverwalter. Obwohl unser Meister die Macht hatte, Brot
und Fisch zu vermehren, musste er dennoch Geld für Seinen
Dienst haben, und auch, um Seine Steuern zu zahlen.

Unsere Generation muss verstehen, dass Gott uns die Versorgung zur Verfügung gestellt hat, um die Vision, die Er uns
gegeben hat, zu erfüllen. Deshalb sollten wir nicht den feind
herbeirufen und ihm ermöglichen, das zu stehlen, was uns
im Namen Jesu gehört. Die Gemeinde Jesu hat immer noch
nicht verstanden, was es mit der materiellen und physischen
Versorgung Gottes hier auf der Erde auf sich hat. Und als
Konsequenz beraubt der Fresser das Volk Gottes, ohne dass ihm
viel Widerstand entgegengesetzt wird.

Die einzige Zielsetzung des Fressers ist, dafür zu sorgen, dass deine Hände leer werden, bis nichts mehr darin übrigbleibt.

Dem Fresser kann es gelingen, uns die Hölle hier auf der Erde durchleben zu lassen.

Es gibt viele Dinge, die der Fresser im Leben von Menschen tun kann, nur um sie davon abzuhalten, den Segen Gottes zu empfangen und ein produktives Leben zu führen.

Manchmal kommt es zu unglücklichen Ereignissen in unserem Leben, die vom Fresser initiiert und manipuliert sind. Diese helfen ihm dabei, seine Pläne gegen uns und unsere Zukunft umzusetzen.

Kapitel 5

Midianiter

Im Buch der Richter wird im sechsten Kapitel die Geschichte Israels zur Zeit Gideons, des Sohnes Joasch, erzählt. Die Kinder Israels hatten gesündigt. Dadurch hatten sie sich für das Wirken des feindes geöffnet, der sie daraufhin sieben harte Jahre lang unterdrückte.

*Und als **die Hand der Midianiter zu stark** wurde über Israel, bereiteten sich die Kinder Israels zum Schutz vor den Midianitern Schlupfwinkel in den Bergen, Höhlen und Bergfesten.*
Richter 6,2

Ganz offensichtlich war dies für das auserwählte Volk Israel eine schreckliche Zeit. Ihre Sünde hatte die Tür für Unterdrückung in ihrem Leben weit geöffnet. Wir erkennen in dieser Bibelstelle, dass der feind, der Israel jetzt bedrückte, anders war als jeder andere feind, der ihnen zuvor begegnet war. Dieser feind hatte kein Interesse daran, sie zu töten oder gefangen zu nehmen, sondern er wollte einfach „nur" ihre Ernte plündern. Die Bibel spricht davon, dass dieser feind ausschließlich in der Erntezeit angriff. Er beraubte sie, machte sie arm und demütigte sie aufs Äußerste. Dieser feind, die Midianiter, repräsentiert eine weitere Art des Fressers.

Der Fresser ist kein neuartiger Geist, der erst in unserer Generation aufgetaucht ist. Er begegnet uns in verschiedenen Formen bereits zu biblischen Zeiten. Dieser Geist ist sehr erfahren im Umgang mit uns Menschen. Deshalb sind wir dringend aufgerufen, wachsam gegen ihn zu sein. Die Schrift warnt uns:

Seid nüchtern und wacht! Denn euer Widersacher, der teufel,
geht umher wie ein brüllender Löwe und sucht, wen er ver-
schlingen *kann.*
1.Petrus 5,8

Deshalb werde ich für unseren Gegner keine Tür offen lassen,
durch die er kommen kann, um meine Seele oder mein
Besitztum anzutasten. Dem Fresser kann es gelingen, uns die
Hölle hier auf der Erde durchleben zu lassen. Durch ihn wurden
die Israeliten zum wohl elendsten Volk der Erde, obwohl sie
einen Bund mit Gott hatten und alle Seine Verheißungen
besaßen.

Zwar gibt es die Midianiter heute nicht mehr, aber der böse
Geist, der einst durch sie wirkte, existiert bis heute. Und er
bedrückt das geistliche Volk Gottes in unseren Tagen ganz
genauso, um es im Elend zu halten.

Schliche des Fressers

Die einzige Zielsetzung des Fressers ist, dafür zu sorgen, dass
deine Hände leer werden, bis nichts mehr darin übrigbleibt.
Aber das bedeutet nicht, dass er nur deine Arbeit oder deine
Firma angreift. Der Fresser greift alles an, was dir ermöglichen
könnte, etwas in deiner Hand zu haben, sei es heute oder sei es
morgen. So greift er deine tägliche Arbeit, deine Beziehungen,
deine geschäftlichen Investitionen und sogar deine Familie an.

Dieser feind sucht Wege, dich davon abzuhalten, etwas Gutes in deinem Leben zu schaffen oder zu besitzen. Er raubt dir die Fähigkeit, produktiv zu sein. Vielleicht erfüllst du alle Voraussetzungen für eine gute Arbeitsstelle, aber er wird dafür sorgen, dass du arbeitslos bist. Er hält Gelegenheiten und Chancen von dir fern, die dir geben könnten, was deinem Wert entspricht. Wenn nötig, geht er so weit, dich in Krankheit einzukerkern, damit du unproduktiv bleibst. Er will nicht, dass du gut verdienst.

Es gibt Krankheiten, die nicht durch Handauflegung geheilt werden müssen. Wenn du einfach den Prinzipien Gottes gehorsam bist und beispielsweise deinen Zehnten zahlst, wird der Herr den Fresser maßregeln und aus deinem Leben verbannen – und dann wird Heilung fließen.

In den folgenden Kapiteln werde ich dir erklären, wie man den Fresser besiegen kann. Es gibt letztlich nur einen Weg, aufzustehen und gegen diesen bösen Geist in unserem Leben vorzugehen.

Die Bibel lehrt uns, wenn wir Gott im Geben des Zehnten gehorsam sind, wird Er nicht nur die Fenster des Himmels öffnen und Segen in überreicher Fülle herabschütten, sondern Er wird auch den Fresser aus unserem Leben entfernen. Wenn wir dem Wort Gottes gehorchen, wird Er uns vor dem Fresser bewahren:

*Bringt den ganzen **Zehnten** in das Vorratshaus, damit Nahrung in meinem Haus ist! Und prüft mich doch darin, spricht der HERR der Heerscharen, ob ich euch nicht die Fenster des Himmels öffnen und euch Segen ausgießen werde bis zum Übermaß! Und ich werde um euretwillen den **Fresser** bedrohen, damit er euch die Frucht des Erdbodens nicht verdirbt und damit euch der Weinstock auf dem Feld nicht fruchtleer bleibt, spricht der HERR der Heerscharen.*
Maleachi 3,10-11

Krankheit oder körperliche Beeinträchtigungen können uns davon abhalten, produktiv zu sein

Manchmal kommt es zu unglücklichen Ereignissen in unserem Leben, die vom Fresser initiiert und manipuliert sind. Diese helfen ihm dabei, seine Pläne gegen uns und unsere Zukunft umzusetzen. Manche Menschen erleiden vom Fresser inszenierte Unfälle, die ihr Leben massiv beeinträchtigen – manchmal bis zum Verlust der Beine oder zu lebenslanger Lähmung. Menschen liegen wegen Krankheiten im Krankenhaus, die allein er verursacht hat. Ich bin überzeugt: Gib treu deinen Zehnten, und der Herr wird dich davor beschützen. Für zahlreiche Christen ist es schwer, diese Wahrheit nachzuvollziehen, insbesondere wenn sie noch Schwierigkeiten damit haben, die Dinge des Geistes zu verstehen.

Stell dir einmal vor, du wirst gebeten für jemanden zu beten, der sehr krank ist, und der Geist Gottes offenbart dir, dass diese Krankheit vom Fresser verursacht ist. Wenn du dieser

Person empfiehlst, um geheilt zu werden, den Gott zustehenden Zehnten zu zahlen, ist es sehr wahrscheinlich, dass du selbst als „Fresser" angesehen wirst, selbst wenn du die Wahrheiten Gottes ausgesprochen hast. Die meisten Menschen sind von ihrem Wohlstand gefangengenommen und hängen sehr an ihrem Besitz. Ohne Kampf und Überwindung ist es fast unmöglich, sie dazu zu bringen, etwas davon Gott zu geben. Und dann wundern sie sich, wieso dämonische Mächte immer weiter ihr Leben beherrschen.

Mir sind einige Frauen bekannt, die auf Grund von Unfruchtbarkeit jahrelang keine Kinder bekommen konnten. Auch Ärzte konnten ihre Lage nicht verbessern. Selbst die innigsten Gebete brachten keine Veränderung der Situation, bis sie irgendwann einmal die Entscheidung trafen, Gott mit ihren Zehnten und ihren Opfergaben zu ehren. Ihr Gehorsam Gott gegenüber öffnete die Tür zu Seiner Gunst und großartige Segnungen zeigten sich in ihrem Leben. Ihr Mutterleib wurde übernatürlich geöffnet und Gott erfüllte die Sehnsucht ihres Herzens. Sie empfingen und bekamen ihre lang ersehnten Babys.

Gott achtet nicht das Ansehen einer Person, aber Er achtet auf das Befolgen der von Ihm gegebenen Prinzipien. Damit sie in unserem Leben wirksam werden, müssen wir sie befolgen, und zwar unablässig. Sie sind vom Heiligen Geist inspiriert, damit wir sie beherzigen. Wenn wir das tun, wird es uns gut gehen. Wenn wir sie nicht beachten, können wir eigentlich nur uns selbst die Verantwortung dafür geben.

Wenn es dir und mir wohl ergehen soll, müssen wir die Grundsätze befolgen, die Gott uns mitgeteilt hat. Glaube mir, wenn du diese Prinzipien ignorierst, wird dir kein Wohlstand begegnen und kein noch so langes Fasten und Beten wird daran etwas ändern. Du kannst nicht das haben, was Gott dir verheißt, wenn du nicht mit dem in Übereinstimmung bist, was Er dir zu tun aufgetragen hat. Der Fresser wird so lange in deinem Leben agieren, bis du Gottes Prinzipien beherzigst. Wirf den Fresser hinaus und wähle das Leben!

In seinem Bemühen, dich unproduktiv zu halten, macht der Fresser auch vor deiner Familie nicht Halt. Er wird angreifen, um zu stehlen und zu töten. Er wird versuchen, deine Familie zu zerstören, auch deine Kinder, nur um sie davon abzuhalten, irgendetwas Gutes für dich oder das Reich Gottes zu tun, sei es jetzt oder in der Zukunft. Vielleicht bist du heute mittellos. Aber der Fresser weiß, dass sich deine Kinder später um dich kümmern und deine Versorgung sicherstellen werden, wenn sie sich im Berufsleben und in der Gesellschaft etabliert haben. Deshalb versucht er beispielsweise, dich von ihnen zu entfremden, oder dich zu verlocken, sie auszunutzen. Er versucht sie umzubringen und sollte es ihm nicht gelingen, ihnen das Leben zu nehmen, wird er alles versuchen, dafür zu sorgen, dass sie dich nicht unterstützen können, weder in der Gegenwart noch in der Zukunft. Er wird versuchen, sie mit Alkohol, Drogenmissbrauch, Prostitution oder Ähnlichem zu binden und sie damit auszuschalten.

Sei wachsam, zahlreiche Fälle von Unfruchtbarkeit, negativem Verhalten, Krankheit und Tod der Kinder sind auf den Fresser zurückzuführen. Wenn Eltern dem Wort Gottes gegenüber leichtfertig sind, kann der Fresser frei in ihrem Leben agieren. Gehorche dem Wort Gottes. Befolge Seine Prinzipien und deine Familie wird beschützt sein.

Der Fresser wird versuchen, alle nützlichen Kanäle und Zuflüsse des Segens und der Versorgung zu zerstören, wenn er annimmt, dass sie dir zum Durchbruch verhelfen könnten.

Weißt du, dass er die Möglichkeit hat, dich von deinem Lebenspartner fernzuhalten? Er versucht dich davon abzuhalten, den schon im Himmel für dich bestimmten Lebenspartner zu treffen, weil er weiß, dass diese Begegnung für dein Leben Segen und Durchbruch bedeuten wird. Er verabscheut jeden deiner Versuche, ein neues Leben anzufangen, das für dich und für das Reich Gottes eine größere Versorgung freisetzt. Du musst geistlich klar sein, um diese Wahrheit zu verstehen. Gott hat jemanden für dich vorgesehen und gemeinsam mit diesem Lebenspartner bist du dazu bestimmt, großen Segen zu erleben. Der Fresser weiß das, und er wird mit allem, was ihm zur Verfügung steht, dagegen ankämpfen. Wenn du Gott nicht erlaubst, ihn aus deinem Leben zu weisen, wird er für dich ein riesiges Hindernis bleiben. Viele Menschen sterben, ohne ihren Lebenspartner jemals gefunden zu haben, nur weil der Fresser es zu verhindern vermochte.

Es gibt viele Dinge, die der Fresser im Leben von Menschen tun kann, um sie davon abzuhalten, ihren Segen zu empfangen und ein produktives Leben zu führen. Ich bete, dass der Heilige Geist, der uns in alle Wahrheit leitet, dir diese Dinge offenbart – eines nach dem anderen. Möge der Herr dir helfen, die Werke dieses schrecklichen dämons zu erkennen und vor ihm auf der Hut zu sein.

Wenn es dem teufel nicht gelingt, sich vor dich zu stellen, um dich zu stoppen, dann wird er sich hinter dich stellen und dich so kräftig schieben, dass du von deinem Weg abkommst.

Oft sehen wir Situationen als Zufälle an und erkennen nicht, dass gerade im Geistlichen etwas Negatives geschieht.

Gott will dich von den Zähnen und den Klauen des Fressers befreien, damit du deinen Wohlstand zurückeroberst und deine Ressourcen einsetzen kannst, um Ihn zu verherrlichen.

Kapitel 6

Wenn der Fresser seine Zähne zeigt

Es gibt ein Sprichwort: „Wenn es dem teufel nicht gelingt, sich vor dich zu stellen, um dich zu stoppen, dann wird er sich hinter dich stellen und dich so kräftig schieben, dass du von deinem Weg abkommst."

Notlagen

Es gibt Menschen, denen es gelingt, zu Versorgung und Wohlstand zu kommen und produktiv zu sein, obwohl der Fresser alles daransetzt, um es zu verhindern. Bei solchen Menschen zeigt der Fresser seine Zähne, um das zu fassen, zu schnappen und zu ergreifen, was immer sie erworben oder geschaffen haben. Diese Zähne repräsentieren die Notlagen, die er um die Menschen herum initiiert, damit sie unnötig Geld ausgeben. So will der Fresser die Früchte ihrer Arbeit für sich gewinnen. Für Menschen in solchen Zwangslagen und Notsituationen ist es eine große Herausforderung, ihr Einkommen zu sichern und weiterhin damit etwas Sinnvolles zu tun. Meistens fragen sich diese Menschen, wohin ihr Geld eigentlich ständig verschwindet. Heute besitzen sie es noch, aber schon morgen hat sich alles wie aufgelöst.

Ich möchte dir meine persönlichen Erfahrungen weitergeben, wie der Fresser einige dieser „Zähne" im Leben von Menschen gebraucht. Ich vertraue darauf, dass der Heilige Geist dir die Bereiche deines Lebens zeigen wird, die für dich relevant sind.

In der Familie meines Vaters gab es einen von mir sehr geliebten Onkel, in dessen Leben die Zähne des Fressers stark am Wirken waren. Er hatte eine gute Arbeitsstelle, bei der er auch gut verdiente, aber er konnte mit seinem Geld nie sonderlich viel anfangen. Immer wenn er ausbezahlt wurde, wurde eines seiner Kinder krank. Das geschah so häufig, dass er es buchstäblich schon voraussagen konnte. Wann immer etwas Geld in seiner Tasche war, brachte der feind Krankheit in sein Haus, um so das Geld für Krankenhausaufenthalte und Medikamente zu beanspruchen. Als wir erkannten, dass hier der feind am Werk war, nahmen wir das Problem mit Gebet in Angriff – jedoch ohne Erfolg. Als wir sahen, dass wir keine Fortschritte machten, mussten wir meinen Onkel darauf aufmerksam machen, dass der einzige Schlüssel für diese Angelegenheit – und noch einige weitere Probleme in seiner Familie –, im Gehorsam gegenüber Gottes Wort lag. Der Fresser hatte seine Zähne um das Leben meines Onkels platziert, um ihn auszuplündern und mit leeren Händen zurückzulassen. Der Gehorsam meines Onkels gegenüber dem Wort Gottes war die einzige „Medizin" für diese Situation. Erst das ermöglichte, dass der Fresser gemaßregelt wurde, um ihn vom Leben meines Onkels und seiner Familie fernzuhalten.

Wenn es dir so geht, dass immer dann, wenn du Geld in der Tasche hast, deine Fenster zu Bruch gehen, so dass du unverzüglich eine Reparatur benötigst, oder dein Auto gerade dann ständig zur Werkstatt muss, dann ist der Fresser am Werk. Manchmal wird das dir zustehende Erbe blockiert, beispielsweise, weil ein Haus nicht verkauft werden kann, oder du musst bei deiner Verwandtschaft kontinuierlich finanzielle Unterstützung leisten. Halte die Augen offen, es könnte der Fresser sein, der dein Leben zu plündern versucht.

Meistens verstehen wir derartige Zeichen der geistlichen Realität in unserem Leben nicht. Oft sehen wir Situationen als Zufälle an und erkennen nicht, dass gerade etwas negatives Geistliches in unserem Leben geschieht. Deshalb sind wir oft passiv im Umgang mit diesen seltsamen Ereignissen und Nöten, die uns doch so sehr lähmen.

Sei wachsam, wenn plötzlich unvorhersehbare und zufällige Notlagen eintreten, denn der Fresser könnte am Werk sein, um deine Finanzen in Bedrängnis zu bringen. Er attackiert dich gerade. Wache auf und stehe gegen den Plan des Fressers in deinem Leben auf. Erlaube ihm nicht, das für sich zu beanspruchen, wofür du so hart gearbeitet hast. Denn dein Besitz soll der Ehre Gottes dienen.

Ich habe Menschen gesehen, die in ihrem Kampf gegen den Fresser aufgegeben haben. Manchmal gaben sie sogar schon auf, bevor sie den Attacken des feindes überhaupt nur irgendeinen Widerstand entgegengesetzt hatten. Sie gaben schnell auf, warfen die Arme in die Luft und jammerten. Dies zeigt, welch verheerenden Schaden der Fresser in deinem Leben anrichten kann. Er will, dass du ein hoffnungsloser Fall wirst, ein geistlicher und physischer Bettler. Er will deine Kraft, deine Würde und deine persönliche Ehre verschlingen. Denke daran: satan hat mit niemandem Mitleid. Es bereitet ihm Freude, Menschen zu schaden, wenn sie durch ihren Ungehorsam hilflos geworden sind. Wenn Menschen durch von Sünde verursachte schwere Zeiten gehen, erkennen sie oft nicht, dass nur eine einzige Sache von ihnen erwartet wird – nämlich, dass sie mit einem bußfertigen Herzen zurück zu ihrem Schöpfer gehen. Wenn sie kommen, wird der Vater im Himmel alle ihre Sünden vergeben.

Der Fresser will dich planlos umherlaufen lassen, er möchte dich mit dem Kopf gegen die Wand rennen sehen, und schließlich will er deinen Kopf so lange unter Wasser halten, bis du keine Luft mehr bekommst. Du musst dich unter Gottes Schutz flüchten, und das tust du, indem du Seinem Wort gehorchst.

Schulden

Schulden zu haben ist gefährlich. Die Bibel sagt uns: *„Seid niemand etwas schuldig, außer dass ihr einander liebt"* (Römer 13,8). Es ist für jeden von uns wichtig, innerhalb der Grenzen unseres Einkommens zu leben. Ein schuldenfreies Leben ist ein Leben, nach dem wir alle streben sollten.

Lass dich nicht auf finanzielle Geschäfte ein, denen du nicht gewachsen bist. Eines der Werkzeuge, mit denen der Fresser im Leben eines Menschen gerne arbeitet, ist die Bereitschaft, Schulden zu machen. Der Fresser will dich so sehr in Schulden bringen, dass du knietief in Verpflichtungen gegenüber allen Menschen und Banken um dich herum feststeckst. Und manchmal neigen Leute in finanziellen Drucksituationen dazu, sogar illegale Wege zu gehen. Der Fresser will dich in Schulden hineinbringen, und das dient ganz klar seinem Plan, dein Leben zu ruinieren.

Durch Schulden will der Fresser dein ganzes Einkommen unter Kontrolle bekommen. Du sollst mit nichts zurückbleiben und irgendwann reicht dein Einkommen für deinen Lebensunterhalt nicht mehr aus. Schulden sind eine moderne Form der Versklavung, und Kinder Gottes müssen lernen, ihnen zu widerstehen. Schulden präsentieren sich immer als schnelle Lösung für ein anliegendes Problem. Aber die Wahrheit ist, dass Verschuldung eine Waffe ist, die der Fresser benutzt, um dich zu berauben. Wenn du erst einmal Schulden hast, wird der Fresser nach allem greifen was er kann, damit du mit leeren Händen zurückbleibst.

Ein Gemeindemitglied kam einmal zum Gespräch zu mir, weil seine Ehe in die Brüche zu gehen drohte, da er finanzielle Schulden übernommen hatte. Er sagte: „Mein Vater machte vor einigen Jahren Schulden und durch harte Arbeit versuchte er, die Schulden abzubezahlen. Allerdings fiel es ihm sehr schwer, da die Zinsen sich beständig erhöhten. Als ich meinen ersten gut bezahlten Job bekam, entschloss ich mich, die Verantwortung für diese Schulden zu übernehmen. Ich wusste, dass die Entlastung von diesen Schulden die größte Unterstützung war, die ich meinem Vater jemals geben konnte. Es scheint, dass ich die Verantwortung unterschätzte, denn bald erkannte ich, dass sie auch für mich zu schwer waren. Seit ich die Schulden übernommen hatte, ging es mit meinen Finanzen bergab, und mein Gehalt stieg gleichzeitig nicht genug, um mit den Zinsen mitzuhalten. Jetzt bin ich ein Sklave der Schulden meines Vaters. Ich bin völlig frustriert, und der Kreditgeber ist gleichzeitig sehr glücklich. Meine finanzielle Situation erlaubt es mir nicht mehr, das Versprechen gegenüber meinem Vater weiterhin zu erfüllen. Im Moment habe ich völlig die Hoffnung verloren, jemals eine Lösung aus meiner Krise zu finden. Meine Familie fällt auseinander, denn ich habe ein Joch auf unser Heim gelegt, das uns völlig destabilisiert hat."

Ich kenne die Schliche des feindes, und beim Hören dieser Geschichte realisierte ich, dass dieser Mann, sein Vater und seine ganze Familie mit dem Geist des Fressers konfrontiert waren. Ich wusste auch, dass es nur ein Mittel gab, um diesen Geist zu überwinden – nämlich dem Wort Gottes zu gehorchen. Ich erklärte diesem Mann, dass seine Schulden ein Instrument des Fressers waren, mit dem dieser die Familie zerstören wollte. Der Fresser hätte ihm niemals ermöglicht, seine Schulden abzubezahlen, denn es waren keine normalen Schulden. Vielmehr waren es die Zähne des Fressers, die sich als finanzielles Problem verkleidet hatten. Ich erklärte ihm weiter, dass es nur einen einzigen Ausweg gab, um von den Angriffen des feindes frei zu werden: nämlich dem Wort Gottes gegenüber gehorsam zu sein, und damit Gott zu ermöglichen, Seine Verheißungen gemäß Maleachi 3,10-11 zu erfüllen.

Der zweite Angriff gegen diesen Mann kam durch seine Unfähigkeit, den Zehnten zu zahlen. „Meine Finanzen sind so knapp, ich kann es mir nicht leisten, meinen Zehnten zu zahlen", sagte er. Die Schulden erdrückten ihn förmlich. Ich gab ihm den Rat, diesen Wettlauf gegen die Schulden zunächst einmal zu vergessen. Stattdessen sollte er sich auf das konzentrieren, was ihn wirklich ein für alle Mal aus der Falle des Fressers befreien könnte.

Er begann also Gott zu gehorchen, wie es in Maleachi steht. Eines Tages rief er mich begeistert an und sagte, dass er jetzt genug Geld zusammenhätte, um den Gläubigern ein Angebot zu machen. Sie gestatteten ihm, eine einmalige reduzierte Zahlung zu leisten. Gott befreite ihn aus den Ketten dieser Schulden. Gepriesen sei der Herr!

Du solltest sehr darauf bedacht sein, keine Schulden zu machen. Wir leben in einer Gesellschaft, in der es zunehmend schwieriger wird, ein schuldenfreies Leben zu führen. Wir nennen unsere Mechanismen, Schulden zu machen, „Finanzierungsmöglichkeiten" und geben ihnen damit den Anschein, dass sie der beste Weg sind, es im Leben zu etwas zu bringen. Zwar stimmt es, dass Schulden am Anfang ein kurzfristiger Ausweg aus Not und Elend sind, aber letzten Endes fügen sie vielen Menschen große Schmerzen zu. Mache dein Leben nicht von Kreditkarten abhängig. Wenn du nicht sorgfältig damit umgehst, kann sich die Situation völlig herumdrehen und gegen dich wenden.

Heutzutage leben etliche Menschen in buchstäblicher Abhängigkeit von Krediten und Schulden. Jedes Geschäft ermöglicht es Kunden auf vielerlei Weise, an die begehrten Waren zu kommen. Häufig kauft man auf Kredit … doch irgendwann werden die Zahlungen und Zinsen fällig.

Ein Freund kam einmal zu mir und beklagte sich über seine finanzielle Situation. Da er Arzt war, staunte ich sehr, als er sagte, dass sein Nettoverdienst nicht einmal zehn Prozent seines Bruttoverdienstes betrug. Er schaffte es nicht, seinen Lebensunterhalt zu bestreiten, und es war sehr schwer für ihn, sich mir anzuvertrauen. Er wurde von Schulden schier erdrückt, denn jeden Monat wurden Zahlungen fällig, für die Hypothek des Hauses, die Finanzierung des Autos, für Anschaffungen und Kreditkartenabrechnungen. All das wurde von seinem monatlichen Gehalt abgezogen. Einige Reise- und Urlaubsausgaben, die er mit Kreditkarte bezahlt hatte, holten ihn jetzt ein. Er war ein Gefangener seiner Gläubiger, und sein Leben drehte sich nur noch um das Geld, das er diesen Menschen und Institutionen schuldete.

Menschen in solchen Situationen sind wie durch den Fresser gelähmt. Es kann zum Beispiel geschehen, dass der Herr dir einen bestimmten Auftrag gibt. Du möchtest von ganzem Herzen deine Aufgabe erfüllen und stellst dann fest, dass du nicht die nötigen finanziellen Mittel zur Verfügung hast. Die Gegenwart des Fressers ist in solchen Momenten sehr bedrohlich, und dann kann es eine große Herausforderung sein, trotz allem deinen Zehnten weiterhin zu geben.

Wenn du dich gerade in einer solchen Situation befindest, dann sei gewiss, dass es Gottes Absicht war, dass du diese

Zeilen liest. Er möchte dich von den Zähnen und den Klauen des Fressers befreien. Er möchte, dass du deine Ressourcen gebrauchen kannst, um Ihn zu verherrlichen. Er möchte, dass du deinen Wohlstand zurückeroberst. Gott kann dich aus allen Fallen des feindes befreien. Und wen Er frei macht, der ist wirklich frei.

Der Fresser kann dich in einen Bettler verwandeln, obwohl du angestellt bist und ein regelmäßiges Einkommen hast. Du musst gegenüber seinen Plänen immer wachsam sein.

Gott hat versprochen, sich selbst um den Fresser zu kümmern, aber nur, wenn wir Ihn mit unserem Zehnten und Opfergaben ehren.

Kapitel 7

Finanzielle Misswirtschaft

Gutes Finanzmanagement ist von entscheidender Bedeutung, um ein finanziell abgesichertes Leben zu leben. Der Fresser weiß das auch, und darum versucht er, uns in diesem Bereich so weit wie möglich in die Irre zu führen.

Wenn ich das Wort Gottes lese, bin ich von der Geschichte Josefs in Ägypten fasziniert.

Die Bibel spricht davon, dass der Pharao einen prophetischen Traum hatte (1.Mose 41) und es ihn quälte, dass er den Traum nicht verstehen konnte. Was die Sache noch schlimmer machte war, dass nicht einer seiner Magier den Traum deuten konnte. Josef wurde aus dem Gefängnis gerufen, da er die Gabe der Traumdeutung hatte. Und so kam es, dass Josef zum Herrscher geholt wurde, um ihm in dieser Sache zu helfen. Josef war anders. Geleitet durch den Heiligen Geist, der unermesslich größer ist als jeder andere Geist, konnte Josef dem Pharao eine zufriedenstellende Deutung des Traumes geben. Als Diener des allerhöchsten Gottes deutete er den Traum auf erstaunliche Weise. Verwundert über solche Weisheit pries der Pharao Josef und erklärte, dass es in ganz Ägypten niemanden wie ihn geben würde. Anschließend übertrug er Josef das höchste Regierungsamt des zweiten Befehlshabers in Ägypten.

Josefs besondere Gabe war seine erstaunliche Weisheit. Er erkannte im Traum die drohende Hungersnot, die Ägypten heimsuchen würde, und empfahl eine schlagkräftige Wirtschaftsstrategie für die Ressourcen des Landes. Interessant ist, dass alle umliegenden Länder vor den sieben Jahren der

Hungersnot ebenfalls sieben Jahre der Fülle erlebten. Der einzige Unterschied Ägypten gegenüber bestand darin, dass sie kein Krisenmanagement besaßen. Als die sieben mageren Jahre kamen, standen die umliegenden Länder bei Ägypten Schlange.

Der Fresser versteht die Kraft, die in gutem Finanzmanagement liegt. Er wird alles versuchen, um jeden guten finanziellen Strategieplan zu unterlaufen. Er will, dass du bei der Verwaltung deiner Finanzen scheiterst, damit du letzten Endes alles verlierst.

Vielleicht verdienst du netto 1400 Euro im Monat. Fast die Hälfte davon zahlst du für die Miete und die Nebenkosten. Die Kosten für dein Auto, Benzin usw. liegen bei etwa 200 Euro. Ein paar Versicherungen, laufende Kosten und Gebühren belaufen sich auf weitere 100 Euro. Du hast also etwas mehr als 400 Euro real zur Verfügung. Nachdem dein Gehalt ausbezahlt wurde, gehst du an einigen Geschäften im Einkaufszentrum vorbei und siehst einige besonders schöne Kleidungsstücke, neu und attraktiv. Sie gefallen dir wirklich gut. Sogleich versucht der Fresser dir einzureden, dass du diese Dinge unbedingt brauchst, und nicht ohne sie leben kannst. Er bestärkt dich auch in dem Irrglauben, dass du der Einzige an deiner Arbeitsstelle bist, der nichts Neues hat. In diesem ganzen Prozess wirst du dazu verführt, verschwenderisch dein Geld für etwas auszugeben, was du eigentlich gar nicht brauchst.

Und wenn du in diese Falle läufst, gibst du 280 Euro, über die Hälfte deines ohnehin nicht üppigen Einkommens, für diese neuen Kleidungsstücke aus. Sie sind wirklich schön und du trägst sie stolz jeden Tag. Aber nach einer Weile verlierst du die Begeisterung, und du siehst die Schönheit nicht mehr. Plötzlich trifft dich die Realität wie ein Hammerschlag, und du erkennst, dass du einen Fehler gemacht hast. Du hast einen zu großen Teil deiner Einnahmen für Kleidung ausgegeben, und jetzt reicht das Geld kaum für das, was du sonst zum Leben brauchst. Du überlegst, wie du den Rest des Monats finanziell bestreiten kannst. Du hast weder deinen Zehnten gegeben, noch dich um finanzielle Unterstützung für das Werk des Herrn gekümmert. Entweder leihst du dir jetzt Geld und machst Schulden, oder du bettelst dich bei deinen Freunden oder Verwandten durch, um irgendwie über die Runden zu kommen. Der Fresser kann dich in einen Bettler verwandeln, obwohl du angestellt bist und ein regelmäßiges Einkommen hast. Du musst gegenüber seinen Plänen immer wachsam sein.

*Bringt den ganzen Zehnten in das Vorratshaus, damit Nahrung in meinem Haus ist! Und **prüft mich** doch darin, spricht der HERR der Heerscharen, ob ich euch nicht die **Fenster des Himmels öffnen** und euch Segen ausgießen werde bis zum Übermaß! Und ich werde um euretwillen den Fresser bedrohen, damit er euch die **Frucht des Erdbodens** nicht verdirbt und damit euch der **Weinstock auf dem Feld** nicht fruchtleer bleibt, spricht der HERR der Heerscharen.*
Maleachi 3,10-11

In dieser Bibelstelle gibt Gott Seinen Kindern im Hinblick auf den Fresser eine klare Verheißung. Er sagt, dass wir Ihn prüfen können, ja, sollen. Wenn wir den Zehnten und unsere Opfergaben in Sein Vorratshaus bringen, verheißt Er uns zwei Dinge zu tun:

Erstens wird Er die Fenster des Himmels öffnen und uns so sehr segnen, dass wir schließlich keinen Platz mehr haben, um all die Segnungen aufzubewahren. Im Originaltext heißt es, dass Er segnet bis zum Platzmangel.

Zweitens wird Er den Geist des Fressers zurückweisen, der gekommen ist, um unsere Segnungen zu rauben und zu zerstören. Der Herr will, dass unsere Frucht des Erdbodens nicht verdirbt und unser Weinstock auf dem Feld nicht fruchtleer bleibt.

Wenn wir Gott mit unserem Zehnten und unseren Opfergaben gehorsam sind, schlagen wir den Fresser in unserem Leben in die Flucht. Gott hat versprochen, sich selbst um den Fresser zu kümmern, aber nur, wenn wir Ihn mit unseren Zehnten und Opfergaben ehren. Gott weiß, dass es sinnlos ist, Sein Volk mit überfließendem Segen zu segnen, wenn es nicht gleichzeitig vor den Angriffen des Fressers geschützt ist. Er hat verheißen, die Fenster des Himmels zu öffnen und Segen in überreicher Fülle herabzuschütten. Und gleichzeitig versprach Er Seinen vollständigen Schutz für all diese Segnungen. Gott weiß, wozu der Fresser in der Lage ist, und Er bietet uns an, ihn von uns fernzuhalten.

Eines der Dinge, die es dem Fresser ermöglichen, so erfolgreich im Leben von vielen Menschen zu agieren, ist seine

Andersartigkeit. Er ist anders als alle anderen bösen Geister, die uns sonst bekannt sein mögen. Die meisten bösen Geister werden relativ leicht durch Gebieten im Namen Jesu zurückgewiesen und verschwinden, aber dieser hier ist atypisch und einzigartig.

Ebenso wie Isaak bist du ein Same Abrahams, und du hast die gleiche DNA, um reich zu werden und immer reicher zu werden, bis du überaus reich bist. Das ist Gottes Wille für das Leben Seiner Kinder.

In 5. Mose 28 sagt das Wort Gottes sehr deutlich, dass Gott uns mit erstaunlichem Besitztum segnen wird, wenn wir in allem, was wir tun, treu und gewissenhaft unser Leben mit Seinem Willen in Einklang bringen.

Gott sagt, dass Er die Erde, die Ozeane und den Himmel in Unruhe und Bewegung versetzt, um uns zu segnen. Mach dich bereit und nimm deine Position gut ein, damit du die „Schätze der Erde" in Besitz nehmen kannst. Erweitere deinen Glauben und erwarte, dass Gott große Ressourcen für Sein Volk freisetzt.

Kapitel 8

Gott will,
dass du erfolgreich bist

Es ist erstaunlich, wie viele Christen traditionell der Meinung sind, dass Christsein mit einem Leben voller Einschränkung gleichbedeutend ist, bis zu dem Punkt, dass sie sich damit abfinden, finanziell gerade genug zum Überleben zu haben. Da finanziellem Überfluss das Stigma des Bösen anhaftet, ist das Thema vielen Christen unangenehm, und sie sind vorsichtig, wenn es darum geht, Wohlstand zu erlangen. Es gibt in zahlreichen Gemeinden ein wachsendes Missverständnis gegenüber Besitz und Wohlstand. Christen verbinden alles, was nach großem Vermögen aussieht, mit Sünde oder Korruption. Diese Art der Wahrnehmung hindert nicht nur Gott daran, Großes im Leben Seiner Kinder zu tun, sie ist auch eine Waffe in der Hand des teufels, um Gottes Kinder finanziell in Gefangenschaft zu halten.

Wegen dieser Mentalität verstecken sich zahlreiche wohlhabende Christen, weil sie Angst haben, von anderen Christen verurteilt zu werden.

Ein Mitglied unserer Gemeinde, also einer meiner „Söhne", dachte daran, ein erstklassiges Auto zu kaufen, das gerade erst auf dem Markt erschienen war. Aber durch sein Denken befand er sich in einer Zwickmühle. Er kam zu mir und sagte: „Papa, ich möchte dieses Auto wirklich gerne kaufen, aber ich kann es nicht. Was werden die Leute sagen, wenn sie mich mit solch einem Luxusauto herumfahren sehen? Sie werden mich sicher verurteilen."

Mich störte diese Aussage, denn diese Denkweise entspricht nicht dem Ideal, das Gott für unser Leben als Gläubige hat. Wir sollten uns nicht mit weniger zufrieden geben, als dem, was Er für uns vorgesehen hat, schon gar nicht wegen der Meinung anderer Menschen. Heutzutage wird guten Christen suggeriert, sich schuldig zu fühlen, weil sie nach einem erfolgreichen Leben mit finanzieller Stabilität streben. Als Resultat werden wir zynisch, wenn wir von einem Christen in einer hohen Führungsebene eines Unternehmens hören, da landläufig die Meinung vorherrscht, Christen sollten Demut zeigen, anstatt reich zu werden. Ich möchte betonen, dass Armut nicht gerade ein Zeichen von Demut ist. Aber Armut bringt auf jeden Fall Begrenzung und Einschränkung mit sich. Es gibt eine „fromme" Tendenz, bei Menschen, die viel Geld besitzen, sofort zu schlussfolgern, dass sie das Geld durch betrügerische Weise erlangt haben, und deshalb keine guten Christen sein können. Diese Denkweise ist falsch. Sie spiegelt nicht die Ordnung Gottes wider und muss korrigiert werden.

Das Wort „wohlhabend" ist ein Adjektiv, das materiellen Erfolg und florierende Finanzen beschreibt. Es ist unter anderem ein Synonym für blühend, gut gehend, expandierend, produktiv, profitabel und fruchtbar. Der Herr hat uns dazu gesegnet, täglich den Schalom Gottes zu erleben, und das beinhaltet, wohlhabend zu sein, so dass nichts von dem, was uns gehört, verloren oder kaputt geht. Nimm als Beispiel unseren Vorfahren Abraham. Er ist ein bemerkenswertes Glaubensvorbild. Als Gott Abraham berief, sagte Er zu ihm:

*Und ich will dich zu einem großen Volk machen und **dich***
***segnen und deinen Namen groß machen**, und du sollst*
ein Segen sein. Ich will segnen, die dich segnen, und verfluchen,
die dich verfluchen; und in dir sollen gesegnet werden alle
Geschlechter auf der Erde!
1.Mose 12,2-3

Gott segnete Abraham, und Er segnet ihn wahrhaftig bis zum heutigen Tag. Heute, tausende Jahre später, gelten die Juden als die reichste Volksgruppe der Erde, die einen beträchtlichen Teil der Weltökonomie kontrolliert. Man sagt, dass sich in Amerika das Finanzwesen weitgehend in jüdischer Hand befindet. Und wir haben als Christen ebenso Anteil an diesem Segen Abrahams:

Christus hat uns losgekauft von dem Fluch des Gesetzes, indem
er ein Fluch wurde um unsertwillen, denn es steht geschrieben:
Verflucht ist jeder, der am Holz hängt, damit der Segen Abrahams
zu den Heiden komme in Christus Jesus, damit wir durch den
Glauben den Geist empfingen, der verheißen worden war. ...
*Wenn ihr aber **Christus angehört**, so seid ihr **Abrahams***
***Same** und nach der Verheißung **Erben**.*
Galater 3,13-14+29

*Die Nationen sollen nämlich **Miterben** und Mit-Glieder am*
*gleichen Leib sein und **Mitteilhaber der Verheißung** in*
Christus Jesus durch das Evangelium.
Epheser 3,6 (Elb)

Wenn die Gemeinde nur verstehen würde, welche Macht uns Gott als Leib Christi gegeben hat, wie wir in diesen Schriftstellen erkennen können – wir würden kühn und kompromisslos aufstehen und die Wirtschaftssysteme dieser Welt übernehmen und leiten. Gott will dich dazu befähigen, im Wohlstand zu leben. Schau dir das Leben von Isaak an:

*Und der Mann wurde **reich** und **immer reicher**, bis er **überaus reich** war; und er hatte Schaf- und Rinderherden und eine große Dienerschaft. Darum beneideten ihn die Philister.*
1.Mose 26,13-14

Ebenso wie Isaak bist du ein Same Abrahams, und du hast die gleiche DNA, um reich zu werden und immer reicher zu werden, bis du überaus reich bist. Das (!) ist Gottes Wille für das Leben Seiner Kinder.

Es ist wichtig zu verstehen, dass im Wörterbuch das Gegenteil von „reich" und „erfolgreich" als „arm" und „erfolglos" genannt wird. Und es ist definitiv (!) nicht der Wille Gottes, dass Christen arm und erfolglos sind, denn das verherrlicht Gott keinesfalls. Es passt einfach nicht zusammen: Auf der einen Seite verheißt das Wort Gottes durch unzählige Schriftstellen, dass Gläubige durch ein Leben in Fülle belohnt werden. Und auf der anderen Seite vermittelt die Gemeinde die gegenteilige Botschaft, dass man sich mit so wenig wie möglich zufrieden geben soll, um Demut zu zeigen. Doch Jesus sagt:

Der Dieb kommt nur, um zu stehlen, zu töten und zu verder-
ben; ich bin gekommen, damit sie das Leben haben und es im
***Überfluss** haben.*
Johannes 10,10

Das bedeutet, dass Jesus kam, damit wir ein erfülltes Leben
leben können, in dem Jahwe-Jireh sich um all unsere
Bedürfnisse kümmert und uns versorgt, auch um die finanziellen Belange. Gemäß Epheser 3,20 vermag Gott *„weit über die
Maßen mehr zu tun als wir bitten oder verstehen.“*

Als Christen geht es uns aber natürlich nicht darum, dem Geld
nachzujagen, nur um reich zu sein. Vielmehr geht es darum, zu
erkennen, dass das Geld, das wir ausgeben, von Gott kommt,
und dass wir es deshalb auf eine Weise verwenden sollen, die
Ihn verherrlicht. Es sollte in unserem Leben immer Vorrang
haben, all unsere Wege mit Gottes Willen in Einklang zu
bringen, und in allem was wir tun, zuerst Seine Nähe zu suchen.
Ihn zu kennen ist essentiell wichtig, denn *„das Volk, das seinen
Gott kennt, wird sich stark erweisen und entsprechend handeln“*
(Daniel 11,32). Gott möchte eine innige Beziehung mit Seinen
Kindern haben. Es muss unser Ziel sein, Sein Herz und nicht
Seine Hand zu suchen:

*Trachtet vielmehr zuerst nach dem Reich Gottes und nach seiner
Gerechtigkeit, so wird euch dies **alles** hinzugefügt werden!*
Matthäus 6,33

Es beginnt alles mit erneuerten Gedanken und einem im
Evangelium zentrierten Leben. Wenn du Gott suchst und eine

lebendige Beziehung zu Ihm hast, wird Er dir helfen, gut zu arbeiten und erfolgreich zu sein, denn dadurch breitet sich Sein Reich aus und Er wird verherrlicht. Viele Christen weltweit begehen einen großen Fehler, indem sie ihre persönliche Stille Zeit mit Gott vernachlässigen und nicht tief in das Wort Gottes eintauchen. Aber genau das ist es, was sie in der Erkenntnis wachsen lässt und sie vor Verwirrung schützt:

Mein Volk geht zugrunde aus Mangel an Erkenntnis.
Hosea 4,6

Durch die ganze Schrift hindurch sehen wir, wie Gott Seine Kinder segnet und ihnen Segnungen verheißt:

*Denn ihr kennt ja die Gnade unseres Herrn Jesus Christus, dass er, obwohl er reich war, um euretwillen arm wurde, damit ihr durch seine Armut **reich würdet**.*
2.Korinther 8,9

Das Buch Josua und die Psalmen sprechen davon, dass wir dann erfolgreich sein können, wenn wir unser Leben mit Gottes Willen in Einklang bringen. Im Buch der Sprüche finden wir Aussagen, die uns Wege offenbaren, um zu Besitz zu kommen. Oft erklären sie uns, dass gute Entscheidungen, die häufig aus zuvor getroffenen guten geistlichen Entscheidungen erwachsen sind, zu größerem Vermögen führen. Das bedeutet, dass größerer Wohlstand aus einem auf den Wahrheiten der Bibel basierenden Leben entspringen kann, wie folgende Schriftstellen zeigen:

Ehre den Herrn mit deinem Besitz und mit den Erstlingen
all deines Einkommens, so werden sich deine Scheunen mit
Überfluss füllen und deine Keltern von Most überlaufen.
Sprüche 3,9-10

Geh hin zur Ameise, du Fauler, sieh ihre Wege an und werde
weise: Obwohl sie keinen Anführer hat, weder Vorsteher noch
Herrscher, bereitet sie dennoch im Sommer ihr Brot und sammelt
in der Erntezeit ihre Speise.
Sprüche 6,6-8

Die Hand der Fleißigen wird **herrschen**, *eine lässige aber muss*
Zwangsarbeit verrichten.
Sprüche 12,24

Die Seele des Faulen gelüstet nach vielem und hat doch nichts,
die Seele der Fleißigen aber wird **reichlich gesättigt**.
Sprüche 13,4

Wenn unsere Gedanken gemäß dem Wort Gottes erneuert werden und bessere, geistlich reife Entscheidungen auslösen, führt
dies oft zu einer verbesserten finanziellen Situation.

Der Dienst Jesu lehrt uns, wie wir ein geistlich erfülltes Leben
führen können, und wie wir unsere von Gott gegebenen Talente
und Möglichkeiten einsetzen sollten, um erfolgreich zu sein,
damit sich das Reich Gottes hier auf der Erde ausbreitet.
Eine neue Generation von geistlichen Leitern arbeitet heute in
millionenschweren Firmen mit, als Aktionäre, Angestellte und

im gehobenen Management. Sie sind Teil der Geschäftswelt, denn neben den geistlichen Gaben besitzen diese Leiter auch noch andere Fähigkeiten und Talente, mit denen sie in dieser Welt, die Gottes Eigentum ist, einen wichtigen Beitrag leisten.

Das Wort Gottes zeigt uns, wie wir mit Weisheit unser hart verdientes Geld vermehren können:

Leg dein Brot auf die Wasserfläche, denn noch nach vielen Tagen wirst du es wieder finden – verteil dein Kapital auf sieben oder gar auf acht; denn du weißt nicht, welches Unglück über das Land kommt.
Prediger 11,1-2 (EÜ)

Im Prinzip lehrt uns diese Bibelstelle eigentlich Folgendes: Investiere dein Geld (Brot) im Außenhandel (Wasserfläche), und eines Tages wirst du einen Profit erwirtschaften. Investiere dein Geld in unterschiedlichen Anlagebereichen.

Warum will Gott deinen Wohlstand?

Gott möchte uns mit Wohlstand segnen, damit wir wiederum andere Menschen durch Seine göttlichen Gaben segnen können. Er will für all unsere Bedürfnisse sorgen. Dann können wir mit Seinen uns anvertrauten Gaben und Talenten gute Haushalter sein, und so Seine Bestimmung für unser Leben erfüllen. Das wird durch viele Schriftstellen bezeugt, unter anderem sagt uns das Neue Testament:

*Gott aber ist mächtig, euch jede Gnade **im Überfluss** zu spenden, sodass ihr **in allem allezeit alle Genüge** habt und **überreich** seid zu jedem guten Werk.*
2.Korinther 9,8

Nebenbei gesagt wird Wohlstand fälschlicherweise generell mit Geld gleichgesetzt, was jedoch nicht stimmt. Ein Wörterbuch beschreibt Wohlstand als den Zustand des Erblühens und Gedeihens, als großes „Glück" und als einen erfolgreichen sozialen Status.

In der heutigen Welt ist Geld ein zentrales und entscheidendes Grundbedürfnis. Es ist schwer, ohne Geld zu überleben, insbesondere in einer ökonomisch aufstrebenden Gesellschaft. Man bekommt nahezu alles nur durch Geld: Nahrung, Transport, Kommunikation, eine Wohnung und vieles mehr.

Im Gemeindekontext ist Geld eines der größten Werkzeuge, um Gottes Absichten voranzubringen. Es wird für alle Art von Ressourcen benötigt, die die Gemeinde braucht, um effektiv zu funktionieren: Musikinstrumente, Mikrofone, Leinwände, Kameras, Stühle und so vieles mehr; Miete oder die Tilgungsraten für das Gebäude; Löhne und Gehälter sowie Gebühren und Abgaben an Behörden oder die Stadtverwaltung. In manchen Ländern betreiben Gemeinden eigene Fernsehsender und das eingesetzte Geld ermöglicht, Millionen von Menschen das Evangelium weiterzugeben. Deshalb ist es unerlässlich, dass die Mitglieder den Zehnten zahlen und Opfergaben geben, denn die Rechnungen wollen bezahlt werden. Eine Gemeinde, die finanziell gut aufgestellt ist, wird eine effektive Gemeinde sein, und eine Gemeinde, die „pleite" ist, wird das Gegenteil erleben.

Ohne Geld kann jeder Mensch zum Bettler werden. Das verherrlicht Gott definitiv nicht. Um dies zu vermeiden, hat uns Gott aufgetragen, Seinen Willen zu tun, indem wir großzügig und mit frohem Herzen in die Gemeinde und in andere Projekte investieren.

*Lass dieses Buch des Gesetzes nicht von deinem Mund weichen, sondern forsche darin Tag und Nacht, damit du darauf achtest, alles zu befolgen, was darin geschrieben steht; denn dann wirst du **Gelingen haben auf deinen Wegen**, und dann wirst du weise handeln!*
Josua 1,8

Ohne finanzielle Mittel sind wir im Erfüllen der Absichten Gottes hier auf der Erde immer eingeschränkt, selbst wenn wir zum Beispiel Waren kaufen wollen, um sie an Bedürftige oder Menschen in Not zu spenden.

Einige Leute sagen: „Wenn du ein Kind Gottes bist, dann sollte Geld kein Thema sein." Das ist in einer bestimmten Hinsicht richtig, denn in der Bibel steht, dass wir zuerst das Reich Gottes und Seine Gerechtigkeit suchen sollen, dann werden wir mit allem, was wir sonst noch brauchen, versorgt werden. Es stimmt, Gott weiß bereits, was wir in unserem Leben brauchen. Doch leider ist es nicht immer so einfach. Für viele Gläubige ist es ein langer gewundener Weg voller Versuchungen und Entmutigung, denn es gibt den Fresser, der sich durch die Herausforderungen des Alltags ständig in unser Leben einmischen will.

Aber Jahwe Jireh, der Herr unser Versorger, lebt und Er vermag weit über die Maßen mehr zu tun, als wir bitten oder verstehen. Nichts ist für Ihn zu schwer, und Er will, dass es uns gut geht, damit unser Leben Seine Herrlichkeit widerspiegelt. Wir müssen Ihm einfach von ganzem Herzen vertrauen und anerkennen, dass der gesamte Segen unseres Lebens von Ihm allein kommt, egal, wie klein dieser Segen vielleicht noch aussehen mag. Jede Segnung kommt von Gott.

*So gedenke doch an den Herrn, deinen Gott – denn **Er ist es, der dir Kraft gibt, solchen Reichtum zu erwerben** –, damit er seinen Bund aufrechterhält, den er deinen Vätern geschworen hat, wie es heute geschieht.*
5. Mose 8,18

Geld erweitert deine Möglichkeiten

Trenne dich von der falschen Vorstellung, dass Geld etwas Böses ist. Nicht das Geld an sich ist böse, sondern die Liebe zum Geld:

*Denn die **Geldgier** ist eine Wurzel alles Bösen; etliche, die sich ihr hingegeben haben, sind vom Glauben abgeirrt und haben sich selbst viel Schmerzen verursacht.*
1.Timotheus 6,10

Die Abhängigkeit von Geld, die Bindung daran, führen zum Bösen. Habsucht und Geldgier sind diese Wurzel des Bösen, von der die Bibel hier spricht. Manche Menschen begehen schreckliche Sünden für Geld, sie verkaufen Drogen oder töten. Sie verkaufen ihre Körper oder berauben andere, um zu Geld zu kommen. Aus Verzweiflung tun Menschen alles Mögliche für Geld.

Eigentlich ist Geld eine Art von Befähigung. Es erweitert deine Möglichkeiten, deinen Handlungsspielraum. Ein großzügiger Mensch vermag mehr zu tun, wenn er Geld besitzt. Wenn du dem Kind deines Nachbarn zu essen gibst, könntest du auch Nationen speisen, wenn du mehr zum Weitergeben hättest. Und ja, auch das Gegenteil ist wahr. Ein böser Mensch kann mit mehr Geld auch mehr Unheil anrichten. So können zum Beispiel Kriminelle ihre verbrecherischen Aktivitäten durch genügend Geld noch effektiver organisieren.

In Gemeinden mit vielen Mitgliedern gibt es auch Menschen, die kein Auto besitzen, und die auf den öffentlichen Nahverkehr angewiesen sind, um zur Gemeinde zu gelangen. Das kann zum Problem werden, wenn man es wegen schlechter Anbindungen nicht pünktlich zum Gottesdienst schafft. In solchen Situationen stellen zahlreiche Gemeinden kostenlose Abholmöglichkeiten zur Verfügung, damit die Gemeindemitglieder zum Gottesdienst kommen können. All das kostet Geld.

Vielleicht müssen wir daran erinnert werden, dass eine Gemeinde weder aus dem Pastor noch aus dem Gebäude besteht, sondern aus den Menschen. Deshalb hat jeder Einzelne die Verantwortung, das gute und effektive Funktionieren der Gemeinde in allen Bereichen zu unterstützen. Gemäß der Bibel ist Jesus das Haupt und wir alle haben durch das Wort Gottes das Mandat, auf vielfältige Weise mitzuwirken, dass die Gemeinde effektiv arbeitet (Römer 12,4-8). Dazu setzen wir unsere von Gott gegebenen Gaben und Talente ein. Denke daran, es war die Pflicht der Könige, das Haus Gottes zu bauen und zu erhalten, es war die Pflicht der Priester, das Volk Gottes vor Gott zu repräsentieren.

Es ist wichtig, diese Ordnung zu verstehen, da es Gottes ursprüngliche Ordnung ist. Und wie man im Leben von Salomo sehen kann (1.Könige 6 bis 8), liegt ein Segen darauf, wenn diese Ordnung beachtet wird. König Salomo hatte ein Herz für das Haus Gottes. Die Leidenschaft dafür verzehrte ihn förmlich. Er baute Gott einen herrlichen und gewaltigen Tempel. Ich glaube, niemals zuvor hatte es ein solch bedeutsames und unübertreffliches Gebäude gegeben; reich ausgestattet, mit den schönsten Edelsteinen geschmückt und nur mit den besten Baumaterialien erbaut. König Salomo investierte gewaltig in den Bau des Hauses Gottes, und als wäre das noch nicht genug, brach er alle Rekorde, wenn er Brandopfer darbrachte. Das bewegte Gottes Herz:

*Und der König ging nach Gibeon, um dort zu opfern; denn das war die bedeutendste Höhe. Und **Salomo opferte 1000 Brandopfer** auf jenem Altar. In Gibeon erschien der Herr dem Salomo bei Nacht im Traum. Und Gott sprach: **Bitte, was ich***

dir geben soll! *Und Salomo sprach: Du hast deinem Knecht, meinem Vater David, große Gnade erwiesen, wie er denn vor dir gewandelt ist in Wahrheit und Gerechtigkeit und mit aufrichtigem Herzen dir gegenüber, und du hast ihm diese große Gnade bewahrt und ihm einen Sohn gegeben, der auf seinem Thron sitzt, wie es an diesem Tag offenbar ist. Weil du nun, o Herr, mein Gott, deinen Knecht zum König gemacht hast anstelle meines Vaters David, ich aber ein junger Bursche bin, der weder aus- noch einzuziehen weiß; und weil dein Knecht mitten unter deinem Volk ist, das du erwählt hast, einem Volk, das so groß ist, dass es vor Menge niemand zählen noch berechnen kann – so gib du deinem Knecht doch ein verständiges Herz, dass er dein Volk zu richten versteht und unterscheiden kann, was Gut und Böse ist. Denn wer kann dieses dein großes Volk richten? Und es war dem Herrn wohlgefällig, dass Salomo um dies bat. Und Gott sprach zu ihm: Weil du um dies bittest, und nicht um langes Leben und um Reichtum und um den Tod deiner Feinde bittest, sondern um Einsicht zum Verständnis des Rechts, siehe, so habe ich nach deinen Worten gehandelt. Siehe, ich habe dir ein weises und verständiges Herz gegeben, dass deinesgleichen vor dir nicht gewesen ist und deinesgleichen auch nach dir nicht aufkommen wird. Dazu habe ich dir auch gegeben, was du nicht erbeten hast, Reichtum und Ehre, sodass deinesgleichen nicht sein soll unter den Königen dein ganzes Leben lang. Und wenn du in meinen Wegen wandeln wirst, dass du meine Satzungen und Gebote befolgst, wie dein Vater David gewandelt ist, so will ich dir ein langes Leben geben! Und als Salomo erwachte, siehe, da war es ein Traum.*

1.Könige 3,4-15

Wie man im Leben von König Salomo sehen kann, liegt große Kraft darin, Gott das Beste zu geben. In der gesamten Geschichte der Bibel ist es sehr ungewöhnlich, dass Gott einem Menschen gewährt, um alles zu bitten, was auch immer er sich wünscht. Doch Gott wurde dazu bewegt, weil Salomo Ihm etwas gab, was Ihm sehr kostbar war und Sein Herz berührte. Siehst du, Kind Gottes, es liegt Kraft darin, Gott dein Bestes zu geben. Etwas, was dir sehr kostbar ist, mit einem ehrlichen Herzen zu geben, drückt deine tief empfundene Liebe zu Gott aus. Diese Art der Opfergabe setzt Segen ohnegleichen frei:

__Bringt den Zehnten__ ganz in das Vorratshaus, damit Speise in meinem Haus sei, und prüft mich doch dadurch, spricht der Herr der Heerscharen, ob ich euch nicht die Fenster des Himmels öffnen und euch __Segen in überreicher Fülle__ herabschütten werde!
Maleachi 3,10

Geld hilft uns, das Reich Gottes voranzubringen

Die gegenwärtige Position der Gemeinde

Wie viele Christen gibt es, die behaupten, mit Gott zu leben, aber dennoch leben sie ein armseliges Leben? Wir sollen das Haupt sein und niemals der Schwanz. Die reichste Person Afrikas ist eine Frau. Sie ist eine hingegebene Christin, die regelmäßig fastet und betet, um Kraft für ihr persönliches Leben

und ihre Karriere zu erhalten. Aber die Mehrheit der „Macher",
die in dieser Welt finanziell ganz oben stehen, sind Ungläubige.
Daraus resultiert, dass sie sich für Anliegen einsetzen, die
Gottes Idealen widersprechen, denn ökonomisch sind sie dazu
nun einmal in der Lage. Aus diesem Grund müssen gläubige
Christen aufstehen und ihre Positionen in der Finanzwelt einnehmen, um dem Bösen das Gute entgegenzusetzen.

Denke beispielsweise an diejenigen Leute, die aus ihrer
persönlichen Überzeugung heraus das Thema Homosexualität
vorantreiben. Sie tun dies, weil sie die Ressourcen und den
Einfluss haben, um ihre eigenen Pläne entsprechend zu fördern.
Sie kämen nicht darauf, die Verkündigung des Evangeliums zu
fördern. Es entspricht nicht ihrer Agenda. Aber es ist unsere
Agenda! Deshalb werden wir, wenn wir die entsprechenden
Mittel, den Wohlstand, die Ressourcen und den Einfluss haben,
die Welt für Jesus einnehmen. Die Welt wird nicht durch die
Politik gelenkt, die wir in den Nachrichten geboten bekommen.
Sondern diejenigen, die die Wirtschaft bestimmen, kontrollieren
die Welt. Politische Entscheidungen werden im Hinblick auf
ökonomischen Profit gefällt.

Wenn uns als Christen davon abgeraten wird, im Wohlstand zu
leben, können wir unseren Auftrag als Christen eigentlich gleich
aufgeben. Aber es gibt Seelen zu gewinnen, Waisenkinder zu
speisen und mit Kleidung zu versorgen, Witwen zu helfen, unter-
privilegierte Menschen zu unterstützen. Wie sollen wir diesen
Kindern Gottes zeigen, dass Gott Jahwe Jireh, der Herr unser
Versorger, ist? Herausforderungen wie Ebola bedrohen die Welt.

Du kannst keine Lösung dafür sein, wenn du nur in Sprachen betest. Durch Wohlstand können Christen Forschungslabore bauen, in denen beispielsweise Ebola erforscht und Jahwe Rapha, der Herr unser Arzt, angerufen wird, damit diese tödliche Krankheit besiegt werden kann. Wir müssen für relevante Lösungen sorgen.

Wenn böse Menschen mit ihrem Einfluss aufstehen, dann lasst uns als Gottes Volk erst recht gegen die Pläne des feindes aufstehen. Der teufel lässt dich gerne im Gottesdienst jubeln und tanzen, solange deine Taschen leer sind. Wir sehen das deutlich im Fall von Mose und dem Pharao. Der Pharao ließ sie frei, damit sie in die Wüste ziehen konnten, aber er stellte die Bedingung, dass sie ihr Vieh zurücklassen sollten. Er sagte eigentlich zu den Israeliten: „Geht ruhig euren Gott anbeten, kein Problem, solange ihr pleite seid." Doch Mose weigerte sich. Er sagte: „Wie können wir ohne unsere Ressourcen Gott anbeten?" Mose meinte damit, dass ihre Anbetung mit den Viehbeständen und den Opfergaben verbunden war. Die Opferzeremonie für Gott wurde als Anbetung bezeichnet. Es ging nicht nur darum, sich niederzubeugen oder die Hände zu heben, sondern es ging vielmehr darum, Gott mit Ehrerbietung durch Opfergaben zu dienen. Das war das Symbol der Hingabe ihrer Herzen.

Denn so spricht der Herr, der Allmächtige: In Kürze werde ich den Himmel und die Erde noch einmal erschüttern, sodass Meere und Festland beben werden. Die Völker werde ich aufrütteln und die Schätze aller Nationen werden kommen. Ich werde dieses Haus mit Herrlichkeit erfüllen, spricht der Herr, der Allmächtige.

Das Silber gehört mir und das Gold gehört mir, spricht der Herr, der Allmächtige. Die künftige Herrlichkeit dieses Hauses wird größer sein als seine vergangene Herrlichkeit, spricht der Herr, der Allmächtige. An diesen Ort werde ich Frieden bringen. Dies sagt der Herr, der Allmächtige!
Haggai 2,6-9 (NL)

In diesen letzten Tagen sind wir Zeugen großer ökonomischer Entwicklungen, die zwar politisch zu sein scheinen, aber finanziell gesteuert sind. Wir sehen, wie starke Wirtschaftsmächte plötzlich große Verluste erleiden und Weltfirmen auf den Märkten an Boden verlieren. Durch Haggai verheißt Gott, die Erde zu erschüttern, damit ökonomische Schätze hervorkommen können. Der Reichtum der Gottlosen fließt zum Volk Gottes, damit sie für Gottes Pläne befähigt werden. Liebe Geschwister, wir leben in den letzten Tagen, und wir müssen eine Wirkungskraft haben wie nie zuvor. Gott sagt, dass Er die Erde, die Ozeane und den Himmel in Unruhe und Bewegung versetzt, um uns zu segnen. Mach dich bereit und nimm deine Position gut ein, damit du die „Schätze der Erde" in Besitz nehmen kannst. Erweitere deinen Glauben und erwarte, dass Gott große Ressourcen – selbst Erdölvorkommen, Minen, Diamantenfelder usw. – freisetzt.

Wir müssen dafür bereit sein und die Zeit der Vorbereitung ist wichtig. Wir benötigen erneuerte Gedanken und eine neu ausgerichtete Perspektive. Wir müssen verstehen, dass Gott uns segnet, damit Er selbst verherrlicht wird. Wir sind keine Container des Segens, sondern dessen Kanäle. Abraham wurde verheißen, dass durch ihn Nationen gesegnet würden. Genauso gibt Gott uns Segen, damit Er andere durch uns segnen kann. Dabei geht es nicht um uns als individuelle Personen, sondern es geht um das Reich Gottes. Sein Reich wächst strategisch, um die Hölle zu plündern und den Himmel zu füllen.

Die Denkweise verändern

Im Leib Christi wird das generelle Verständnis über die Bedeutung von Finanzen nicht angemessen gelehrt. Dabei gibt es so viele Schriftstellen, die uns diesbezüglich Weisheit vermitteln. Wir sollen hart arbeiten, um das Leben in Fülle zu genießen. In 5. Mose 28,1-14 sagt das Wort Gottes sehr deutlich, dass Gott uns mit erstaunlichem Besitztum segnen wird, wenn wir in allem, was wir tun, treu und gewissenhaft unser Leben mit Seinem Willen in Einklang bringen.

Der Herr, unser Gott, ist Seinem Wort gegenüber immer treu. Wenn doch nur jeder Christ regelmäßig Sein Wort studieren und es in seinem Leben im Glauben anwenden würde! Leider wissen wir trotz der vielen sich bietenden Möglichkeiten oft nicht, wie wir sie nutzen können.

Als jemand, der in Afrika lebt, möchte ich etwas zu diesem Kontinent sagen. Er besitzt große Rohstoffvorkommen wie Öl, Gold, Kupfer und Kobalt. Diese Rohstoffe könnten für den Wohlstand des gesamten Erdteils verwendet werden, doch stattdessen werden sie nur exportiert. Doch gerade im Moment erlebt die Wirtschaftswelt einen Wandel, der für Afrika zum Vorteil sein kann. Viele Investoren suchen verzweifelt nach Investitionsmöglichkeiten in alternativen, aufstrebenden Märkten. Afrika sollte sich auf eine Weise positionieren, die den Kontinent für Investoren attraktiv macht. Zahlreiche „afrikanische Probleme" sind durch nichts anderes als eine falsche Denkweise und Lebenseinstellung verursacht. Als Afrikaner müssen wir sozusagen aufhören, wie Geier zu sein, die zusehen, wie ein Löwe unsere Ressourcen frisst, um uns dann von den übriggebliebenen Resten des Kadavers zu ernähren. Wir müssen, auch auf kleiner Ebene, an der Lösung mitarbeiten und uns weigern, als „Schutthalde" zu fungieren. Als Christen und Afrikaner sollten wir unsere Denkweise verändern.

Es gibt die weit verbreitete Meinung, dass ein Gemeindegebäude schlicht und bescheiden aussehen sollte, um dadurch Demut auszustrahlen. Einige Menschen mögen das bevorzugen, aber es ist absolut nichts falsch daran, den Herrn an einem Ort anzubeten, der Gottes Herrlichkeit und Seine Gegenwart auf exzellente Weise widerspiegelt. Nichts ist falsch daran, wenn ein Gemeindegebäude sowohl innen wie außen attraktiv ist. Es ist etwas, was für Gott gebaut ist! Demut ist nicht gleichbedeutend mit Mangel oder Armut. Dieses falsche Konzept ist eine gedankliche Festung, die zerstört werden muss.

Wenn du nicht auf die Stimme des Herrn, deines Gottes, hörst, indem du nicht auf alle seine Gebote und Gesetze, auf die ich dich heute ver-pflichte, achtest und sie nicht hältst, werden alle diese Verfluchungen über dich kommen und dich erreichen …
5.Mose 28,15 (EÜ)

Um dem Wort Gottes gegenüber gehorsam zu sein, musst du es zuerst einmal kennen. Also beginne damit, regelmäßig über dem Wort Gottes zu meditieren. So wirst du entdecken, welche Erwartungen Gott an uns hat.

Wenn du die Gebote des Herrn, deines Gottes, hältst und in Seinen Wegen wandelst, wird der Herr dich als heiliges Volk für sich bestäti-gen, wie Er dir geschworen hat.

Der Zehnte entsteht aus der Liebe zu Gott und der Hingabe an Ihn.

Kapitel 9

Den Fresser besiegen

Kann das Zurückweisen von dämonischen, bösen Geistern sich von Fall zu Fall unterscheiden? Ja, selbstverständlich. Erinnerst du dich an die Begebenheit von Jesus und seinen Jüngern in Matthäus 17,14-21? Hier spricht die Bibel von einem Mann, der seinen Sohn zu den Jüngern Jesu brachte. Sie sollten den bösen Geist austreiben, der ihn quälte. Die Jünger versuchten es, aber es gelang ihnen nicht, ihn auszutreiben. Das geschah in aller Öffentlichkeit.

Also nahm der Mann sein Kind und brachte es zu Jesus. Dieser wies die Jünger zurecht, weil es ihnen nicht gelungen war, an dem Kind einen erfolgreichen Befreiungsdienst durchzuführen. Jesus trieb den Geist selbst aus. Erstaunt kamen die Jünger später zu Jesus und fragten ihn, warum es ihnen nicht gelungen war, diesen dämon auszutreiben. Jesus antwortete ihnen und sagte:

Diese Art fährt nicht aus außer durch Gebet und Fasten.
Matthäus 17,21

Das bedeutet, dass dieser besondere Geist anders geartet war und nur durch Fasten und Beten ausgetrieben werden konnte. Auch der Fresser ist ein Geist, der völlig anders ist als die anderen dämonischen Kräfte. Er wird normalerweise von Gott selbst zurückgewiesen – aber nur dann, wenn wir die Sünde in unserem Leben richtigstellen, die ihm einst den ursprünglichen Zugang zu unserem Leben verschafft hat. Der Fresser ist der einzige Geist, bei dem Gott direkt verheißen hat, für uns zu streiten. Verschiedene Bibelübersetzungen sagen es so:

*Den Fresser **wehre ich von euch ab** …*
Maleachi 3,11 (EÜ)

*Und **ich werde** für euch den Fresser **zurechtweisen** …*
Maleachi 3,11 (ZÜ)

*Und **ich will** um euretwillen den Fresser **bedrohen** …*
Maleachi 3,11 (LU)

Empfehlungen

Hier sind einige Empfehlungen, die dir helfen sollen, den Fresser in deinem Leben zu besiegen, und ihn für immer fernzuhalten:

Gehorche ganz und gar dem Wort Gottes

Generell ist Gehorsam dem Wort Gottes gegenüber eine der wichtigsten Empfehlungen in unserem Kampf gegen den Fresser. Alle Segnungen Gottes hängen von unserem Gehorsam Seinem Wort gegenüber ab. Gott versprach Seinen Kindern viele Segnungen, die unmittelbar mit dem Gehorsam Seinem Wort gegenüber verbunden sind:

*Es wird aber geschehen, wenn du der Stimme des Herrn, deines Gottes, **wirklich gehorchst** und darauf achtest, alle seine Gebote zu tun, die ich dir heute gebiete, dann wird dich der Herr, dein Gott, als höchstes über alle Völker der Erde setzen.*

*Und alle diese **Segnungen** werden über dich kommen und*
dich erreichen, wenn du der Stimme des Herrn, deines Gottes,
gehorchst: Gesegnet wirst du sein in der Stadt und gesegnet auf
dem Feld.
5.Mose 28,1-3

Wenn du Gottes Wort hingegen nicht gehorchst, dann sei dir
gewiss, dass du dich nur selbst betrügst. Ich habe Christen
gesehen, die dem Wort Gottes nur gehorchen, um ihrem Pastor
oder einem Gemeindeleiter zu gefallen. Sie lesen ihre Bibel oder
beten nur dann, wenn es ihnen passend erscheint. Sie nehmen
an Gemeindeprogrammen nur dann teil, wenn sie sicher sind,
dass es die Leiter auch bemerken. Wenn der Opferkorb vorbei-
kommt, leeren sie auffällig ihren Geldbeutel, und vieles mehr.
All das tun sie, um die Aufmerksamkeit des Pastors zu erlangen.

Nein, lieber Freund, du tust niemandem einen Gefallen, wenn
du Gottes Wort gehorchst, nicht einmal Gott selbst. Die einzige
Person, die von deinem Gehorsam profitiert, bist du selbst. Dem
Wort Gottes nicht zu gehorchen, ist der größte Fehler, den ein
Mensch in seinem Leben machen kann.

Ungehorsam gegenüber dem Wort Gottes öffnet den Attacken
des Fressers Tür und Tor, und er wird all deinen Segen zerstören. Es gibt viele Menschen, die gestern mehr als genug hatten,
aber als sich ihr Besitz vermehrte, begannen sie, ihr Leben
außerhalb des Willens Gottes zu leben. Die Stimme des Herrn
wurde in ihrem Leben immer bedeutungsloser. Sie verließen
den Pfad des Gehorsams und hörten nicht mehr auf die Stimme

ihres Schöpfers. Und heute, wo der Fresser die Quellen ihres Segens blockierte und alles zerstört hat, was ihnen gehörte, sind sie wie Bettler geworden.

Ein Mensch, der mit Eifer der Stimme Gottes gehorcht, wird ein glückliches Leben führen. Eine Familie, eine Gemeinde, eine Nation, die mit Eifer der Stimme Gottes gehorcht, wird nie der Schwanz sein, sondern das Haupt. Deshalb, Geliebte des Herrn, lasst uns Gott gehorchen. Gehorcht Seinen Geboten und ihr werdet in der Fülle leben und die besten Früchte des Landes genießen. Ich ermutige dich – fange an, diesen Gehorsam mit dem Heiligen Geist täglich zu üben.

Ich möchte dir dieses Gebet empfehlen:

Heiliger Geist Gottes, ich bitte Dich heute, hilf mir, Deiner Stimme und Deinen Geboten zu gehorchen. Lass mich im Gehorsam Deinem Wort gegenüber leben. Ich erkenne, dass ich das nicht aus mir selbst heraus tun kann, deshalb rufe ich zu Dir um Hilfe. Herr Jesus, ich gebe mich Dir ganz hin, um Deiner Stimme in meinem Leben voll und ganz zu gehorchen. Bitte lass mich all die Segnungen empfangen, die Du für mein Leben vorbereitet hast.
Amen

Wenn du dieses Gebet gebetet hast, möchte ich dich einladen: Plane jetzt deinen zukünftigen Weg des Gehorsams gegenüber dem Wort Gottes. Um den Anordnungen des Herrn gegenüber gehorsam zu sein, musst du sie zuerst einmal kennen. Also beginne damit, regelmäßig über dem Wort Gottes zu meditieren. So wirst du entdecken, welche Erwartungen Gott an dich hat, welche Anweisungen Er dir gibt und welchen Geboten du gehorsam sein sollst.

Wichtig: Schreibe dir Gottes Erwartungen an dein Leben auf – jede Unterweisung und jedes Gebot. Gib dich ihnen ernstlich hin und bitte den Heiligen Geist, dir die Kraft zu geben, den einzelnen Anweisungen und Geboten zu gehorchen. *„Nicht durch Heer oder Kraft, sondern durch Meinen Geist"*, spricht der Herr (Sacharja 4,6).

Basierend auf 5. Mose 28,3-13 möchte ich dir einige Segnungen nennen, die Gott für die bereit hält, die Seinem Wort gehorchen:

1. *Gesegnet wirst du sein in der Stadt und gesegnet auf dem Land.*
2. *Du wirst mit vielen Kindern und mit fruchtbaren Feldern gesegnet sein.*
3. *Du wirst mit fruchtbaren Herden und Vieh gesegnet sein.*
4. *Du wirst gesegnet sein mit Körben, die von Früchten überquellen und dein Backtrog wird voller Brot sein.*
5. *Gesegnet wirst du sein, wo immer du hingehst, bei deinem Eingang und bei deinem Ausgang.*
6. *Der Herr wird deine Feinde, die sich gegen dich auflehnen, vor dir geschlagen dahingeben. Sie werden auf einem Weg gegen dich ausziehen und auf sieben Wegen vor dir fliehen.*
7. *Der Herr wird alles segnen was du tust, und deine Scheunen mit Getreide füllen, und der Herr, dein Gott, wird dich segnen in dem Land, das Er dir gibt.*

8. Wenn du die Gebote des Herrn, deines Gottes, hältst und in Seinen Wegen wandelst, wird der Herr dich als heiliges Volk für Sich bestätigen, wie Er dir geschworen hat.

9. Dann werden alle Völker auf Erden sehen, dass der Name des Herrn über dir ausgerufen ist, und werden sich vor dir fürchten.

10. Der Herr wird dir Überfluss an guten Dingen geben, in dem Land, von dem der Herr deinen Vätern geschworen hat, dass Er es dir gebe – viele Kinder, viele Herden und ein reiches Ackerland.

11. Der Herr wird dir zur richtigen Zeit aus Seinem guten Schatz im Himmel Regen senden, um alle Werke deiner Hände zu segnen. Und du wirst vielen Völkern leihen, du aber wirst dir nichts ausleihen müssen.

12. Wenn du den Geboten des Herrn, deines Gottes, gehorchst, und sie bewahrst und tust, wird der Herr dich zum Haupt setzen und nicht zum Schwanz, und es wird mit dir immer nur aufwärts gehen und nicht abwärts.

Wenn du von diesen wunderbaren Segnungen liest, die Gott denen bereitet hat, die Seinem Wort gehorchen, kannst du deutlich erkennen, was du alles verpasst, wenn du ungehorsam bist.

Und denke einmal darüber nach, wie sehr wir uns angreifbar machen, wenn wir dem Wort Gottes gegenüber nicht gehorsam sind. 5. Mose 28,15-26 spricht davon. Diese Passage beginnt mit folgender Aussage:

*Es wird aber geschehen, wenn du der Stimme des Herrn,
deines Gottes, nicht gehorchst, sodass du alle seine Gebote und
Satzungen nicht bewahrst und tust, die ich dir heute gebiete, so
werden all diese Flüche über dich kommen und dich treffen.*

1. *Ihr werdet verflucht sein in den Städten und ihr werdet verflucht sein auf dem Land.*
2. *Ihr werdet verflucht sein mit leeren Erntekörben und leeren Backtrögen.*
3. *Ihr werdet verflucht sein mit wenigen Kindern und schlechten Ernten.*
4. *Ihr werdet verflucht sein mit wenigen Jungtieren bei euren Herden.*
5. *Ihr werdet verflucht sein, wo immer ihr hingeht, wenn ihr nach Hause kommt, und wenn ihr fortgeht.*
6. *Der Herr selbst wird Flüche, Verwirrung und Bedrohung über euch bringen bei allem, was ihr tut, bis ihr schließlich bald zugrunde gegangen und vernichtet seid, weil ihr Böses getan und Ihn verlassen habt.*
7. *Der Herr wird euch Krankheit schicken, bis alle von euch umgekommen sind in dem Land, in das ihr nun hineingehen werdet, um es zu erobern.*
8. *Der Herr wird euch mit Auszehrung, Fieber und Entzündungen strafen, mit Hitze und Dürre, mit Schädlingen und Pilzkrankheiten an eurem Getreide. Dies alles wird euch verfolgen, bis ihr zugrunde gegangen seid.*
9. *Der Himmel über euch wird unnachgiebig wie Bronze und die Erde unter euch hart wie Eisen sein.*

10. *Der Herr wird Sand und Staub vom Himmel auf euer Land regnen lassen, bis ihr vernichtet seid.*

11. *Der Herr wird euch euren Feinden ausliefern. Ihr werdet sie aus einer Richtung angreifen, aber in sieben Richtungen vor ihnen fliehen! Ihr werdet zum abschreckenden Beispiel für die Königreiche der Erde werden.*

12. *Eure Leichname werden den Vögeln und wilden Tieren als Nahrung dienen und niemand wird sie verscheuchen.*

Diese Flüche gehen weiter bis 5. Mose 28,68. Das zeigt uns äußerst deutlich, wie sehr wir vom feind geschädigt werden, wann immer wir der Stimme Gottes nicht gehorchen. Denn dann kommt der Fresser hinein, um zu kontrollieren, zu stehlen, zu töten und zu zerstören. In Maleachi 3,8-11 offenbart die Schrift deutlich, durch welche Tür der Fresser in unser Leben gelangt, und was wir tun können, um ihn zu besiegen.

Ich ermutige dich, das ganze Kapitel 5. Mose 28 sorgfältig zu lesen, damit du ein klares Verständnis hinsichtlich der Konsequenzen deiner Handlungen Gott gegenüber erhältst.

Zahle deinen Zehnten

Was ist der Zehnte? Wir bezeichnen damit den zehnten Teil unseres Einkommens, der Gott gehört. Wann immer wir etwas erhalten, sei es Geld oder andere materielle Dinge, erwartet Gott von uns, zehn Prozent davon zu nehmen und sie Ihm zu bringen. Das ermöglicht Ihm, sich für uns einzusetzen und sicherzustellen, dass wir den uns zugedachten Segen empfangen. Der Zehnte ist das Tor der Gläubigen, um in den Bund des Segens hineinzutreten.

Im Hebräischen wird das Wort *maaser* oder *maasrah* mit „Zehntel" oder als „zehnter Teil" übersetzt. Im Griechischen übersetzt man das Wort *apodekatoo* mit „Zahlung" oder „den Zehnten empfangen".

In der Bibel sind viele Berichte von Menschen aufgezeichnet, die ihrem Gott, dem Schöpfer aller Dinge, ihren Zehnten gezahlt haben. Er besitzt alles, und wir sind nur Verwalter dessen, was Er uns anvertraut hat. Das Prinzip des Zehnten ist Folgendes: Er gibt uns, und wir geben den zehnten Teil dessen, womit Er uns gesegnet hat, an Ihn zurück. Der Zehnte ist keine Opfergabe, sondern eigentlich eine Zahlung. Deshalb opfern wir nicht den Zehnten, sondern wir zahlen den Zehnten. Und jedes Mal, wenn wir den Zehnten nicht zahlen, sind wir gemäß dem Wort Gottes in Maleachi eigentlich Diebe. Dort steht:

*Darf ein Mensch Gott berauben, wie **ihr mich beraubt**? Aber ihr fragt: Worin haben wir dich beraubt? In den **Zehnten** und den Abgaben!*
Maleachi 3,8

Im Gegensatz zum Zehnten sind Opfergaben freiwillige Gaben an Gott. Es mögen irgendwelche materiellen Dinge sein oder ein Geldbetrag, den wir Gott freiwillig geben, als Zeichen unserer Dankbarkeit und als Teil unserer Anbetung. Die Bibel fordert uns auf, unsere Opfergaben mit Freude zu geben, denn Gott liebt fröhliche Geber.

Zehnter und Opfergaben sind starke Säulen des Bundes Gottes mit Israel, die Gott als Anbetung Seiner selbst angeordnet hat. Durch das gesamte Wort Gottes hindurch ist wahre Anbetung immer mit einem bedeutsamen Opfer verbunden gewesen. Das entspricht den freiwilligen Opfergaben, die wir Ihm geben. Das nächste Mal, wenn du Gott wahrhaftig anbeten willst, erinnere dich, dass Anbetung mit deinem Opfer auf Gottes Altar verbunden ist. Dieses einfache Prinzip wird dir helfen, in deiner Beziehung mit Gott in viel höhere Dimensionen durchzubrechen, als du dir jemals erträumt hast.

Was bedeutet das geistlich? Heutzutage wurde die Wahrheit über den Zehnten und die Opfergaben von Gemeinden in der ganzen Welt auf kaum mehr als eine Standard-Routine reduziert. Nur ein winziger Prozentsatz der Christen weltweit hat die geistliche Auswirkung und die Realität dieser geistlichen Handlungsweise wirklich erfasst.

In unserem Wandel mit Gott sind der Zehnte und die Opfergaben gewichtige, bedeutungsvolle geistliche Handlungen, die mehr als alles andere zeigen, wie tief und wie innig unsere Beziehung zu Gott wirklich ist. Unser Geld und unser Besitz sind für viele die Säulen geworden, die den Wohlstand garantieren – aber das sollte nicht so sein. Für manche ist Geld beinahe alles geworden. Wir investieren täglich viele Stunden unserer Zeit damit, ihm nachzujagen, und wenn wir es dann haben, investieren wir alle Kraft, um unseren Besitz zu bewahren. Etwas davon für Gott freizusetzen bedeutet, dass wir Gott einen höheren Platz als dem Geld in unserem Leben einräumen. Das geschieht aber erst, wenn wir erkennen, dass Gott unser wahrer Versorger ist. Deshalb ist das Zahlen des Zehnten und das Geben von Opfergaben eine der großartigsten Möglichkeiten, Gott unsere Liebe, unsere Verehrung und unsere Dankbarkeit auszudrücken.

Man sagt, dass heutzutage nur 20 % der Gottesdienstbesucher ihren Zehnten zahlen. Der teufel will uns nicht gestatten, die Tiefe unserer Beziehung mit Gott dadurch ausdrücken zu können. So tut er alles, um uns vom Zahlen des Zehnten und dem Geben von Opfergaben abzuhalten. Viele gehen Woche für Woche aus religiösen Gründen in die Gemeinde. Sie tragen stolz ihre Bibel umher und sprechen überzeugend über deren Inhalt. Doch das Zahlen des Zehnten und das Geben in Treue bleibt denen vorbehalten, die Gott wirklich von ganzem Herzen lieben und eine innige und tiefe Beziehung zu Ihm haben.

Ich persönlich glaube, dass bei einem Christen das Level des geistlichen Lebens daran gemessen werden kann, inwieweit sich die Liebe zu Gott durch beständige Treue im Geben ausdrückt. Jemand, der sich nicht die Mühe macht, den Zehnten zu zahlen oder Opfergaben zu geben, ist noch nicht in dieser Dimension angekommen. Vielleicht ist er ein treues Gemeindemitglied und sogar sehr hingegeben, aber diese Lücke gilt es noch zu schließen.

Bete Geld – Mammon – nicht als deinen Gott an. Stattdessen erinnere dich daran, dass der allmächtige Gott der einzige Gott ist, der würdig ist, angebetet zu werden. Wenn Geld dein Gott geworden ist, dann probiere einmal aus, ob es in Zeiten von Krankheit für dich einstehen kann. Lass es für dich streiten, wenn der Tod an die Tür klopft oder echte Not bei dir eindringt. Es gibt Dinge, die dein Geld nicht kaufen und nicht für dich tun kann. Wenn du Gott in deinem Leben den höchsten Platz einräumst, weit höher als Geld, wird Gott in Zeiten von Krankheit für dich einstehen. Er wird den Tod zurückweisen, wenn er dein Leben oder das Leben deiner Angehörigen beansprucht. Wenn Gott für dich einsteht, kann sich nichts gegen dich stellen.

Hier sind zwei Beispiele von Menschen, die ihren Zehnten zahlten, lange bevor das Gesetz überhaupt gegeben wurde:

Abel

Schon lange vor dem Gesetz, das unter Mose gegeben wurde, können wir in der Bibel lesen, dass Gott die Gabe Abels annahm und sie der Gabe seines Bruders Kain vorzog. Ich bin überzeugt, dass es der Zehnte war, den er darbrachte. In diesem noch sehr frühen Stadium der Weltgeschichte erzählt uns die Bibel die faszinierende Geschichte von Abel und Kain:

Es begab sich aber nach etlicher Zeit, dass Kain dem HERRN Opfer brachte von den Früchten des Feldes. Und auch Abel brachte von den Erstlingen seiner Herde und von ihrem Fett.

*Und **der HERR sah gnädig an Abel und sein Opfer**, aber Kain und sein Opfer sah er nicht gnädig an. Da ergrimmte Kain sehr und senkte finster seinen Blick.*
1.Mose 4,3-5 (LU)

Abel brachte seinen Zehnten und seine Opfergaben ganz ohne Vorschrift oder Gesetz zu Gott, weil seine tiefe Liebe zu Gott ihn dazu bewegte. Die Bibel berichtet uns, dass der Herr ihn und seine Gabe annahm. Das bedeutet, dass Abel seine Gaben schon lange vor dem Kommen des Gesetzes gab.

Abraham

In 1. Mose 14 lesen wir, wie Abraham in den Krieg zog, um seinen Neffen Lot zu befreien, der in Kriegsgefangenschaft geraten war. Im Vertrauen auf Gott zog Abraham los, und der Herr gab ihm einen großartigen Sieg über alle seine Feinde. Dann lesen wir weiter:

Als aber [Abram] *von der Schlacht gegen Kedor-Laomer und die Könige, die mit ihm waren, zurückkehrte ... Aber Melchisedek, der König von Salem, brachte Brot und Wein herbei. Und er war ein Priester Gottes, des Allerhöchsten. Und er segnete ihn und sprach: Gesegnet sei Abram von Gott, dem Allerhöchsten, dem Besitzer des Himmels und der Erde! Und gelobt sei Gott, der Allerhöchste, der deine Feinde in deine Hand gegeben hat! Und **Abram gab ihm den Zehnten von allem**.*
1.Mose 14,17-20

Abraham zahlte diesen Zehnten nicht aus seinem Einkommen, sondern von allem, was er besaß. Das zeigt seine tiefe, innige Beziehung zu Gott und sein Losgelöstsein von den Dingen dieser Welt. Abraham liebte Gott mehr als all den Reichtum, den er im Laufe seines Lebens erlangt hatte.

Woher wusste Abraham, dass es wichtig war, den Zehnten seines Besitzes Gott zu geben? Wenn du verstehst, wie er dies erkannte, wirst du auch erkennen, wie der Zehnte überhaupt entstanden ist. Der Zehnte wird aus der Liebe zu Gott und aus der Hingabe an Ihn geboren. Abraham benötigte kein Gesetz, das ihm vorschrieb, dass er seinen Zehnten Gott zu bringen hatte. Ebenso wenig brauchte Abel das Gesetz des Mose, um dasselbe zu tun. Der Schlüssel lag in ihrer überströmenden Liebe zu Gott.

Der Zehnte ist viel älter als das Gesetz, und deshalb sollten wir uns nicht nur auf Grund des Gesetzes daran gebunden fühlen.

Viele Menschen erkennen nicht, dass sie gleichzeitig Gott und dem Geld dienen. Geld ist ein guter Diener, aber ein schlechter Meister.

Ein Zehntel von allem, was in deinen Besitz kommt, gehört dem Herrn. Wenn du in der Lage bist, treu deine Steuern an die weltliche Regierung deines Landes zu zahlen, wie viel mehr hat es dann Gott verdient?

Deine Bedürfnisse können ein großes Hindernis sein, wenn du Gottes Wort gehorsam sein willst. Das Leben ist voller Bedürfnisse, und niemand wird sie alle erfüllen können. Dich zu sehr auf das Erfüllen all deiner Bedürfnisse heute oder jetzt zu konzentrieren, führt dich in einen sinnlosen Wettlauf.

Kapitel 10

Ausreden

Wann immer Menschen etwas Großzügiges tun sollen, tendieren sie dazu, Ausreden zu suchen, um zu rechtfertigen, warum es keineswegs möglich ist, dies jetzt tun zu können. Auf diese Weise versuchen sie, ihre Schwäche oder ihr Versagen zu rechtfertigen. Bitte erlaube mir, einige der häufigsten Ausreden gegen das Zahlen des Zehnten zu nennen:

Warum sollte ich den Zehnten zahlen, wo wir doch nicht mehr unter dem Gesetz stehen?

Einige unserer edlen „Schriftgelehrten" verstecken ihren Ungehorsam, wenn es um den Zehnten geht, indem sie argumentieren, dass der Zehnte in unseren Tagen nicht mehr relevant sei, da wir heute im Neuen Testament leben. Sie behaupten, dass diese Forderung nur im Alten Testament gestellt wurde, und heute sei dieses Gebot ihrer Meinung nach nicht mehr von Bedeutung. Solche Einschätzungen und Behauptungen sind falsch.

Das Konzept des Zehnten begann schon lange bevor das Gesetz Mose und den Propheten überhaupt gegeben wurde. Tatsache ist, es begann schon, bevor Mose geboren oder das Gesetz in Israel eingeführt wurde. Gott drängte Mose und die Propheten nur aus einem einzigen Grund dazu, das Zahlen des Zehnten als Teil des Gesetzes hervorzuheben, nämlich um Israel zu zeigen, dass Er große Verheißungen damit verband. Er wollte, dass sie diese Angelegenheit ernst nahmen.

Die Schrift macht deutlich, dass ganz verschiedene Dinge, zum Beispiel ein Teil des Ackerlandes, ein Teil des Ertrages der Bäume oder eben ein Zehntel dessen, was man verdient, eine heilige Gabe für den Herrn sind. (3.Mose 27,30 oder 5.Mose 14,22-29). Ein Zehntel von allem, was in deinen Besitz kommt, gehört dem Herrn.

Ich bin zu mittellos, um meinen Zehnten zu zahlen

Jemand sagte einmal, dass ärmere Menschen vom Zahlen des Zehnten oder dem Geben von Opfergaben ausgenommen werden sollten. Aus offensichtlichen Gründen sei es nicht fair, etwas von ihnen zu nehmen. Als ich das hörte, konnte ich es kaum glauben, denn diese Bemerkung kam von einer Person, die den Ruf hatte, fest im Glauben zu stehen. Ich fragte mich, welche Bibel diese Person gebraucht, um diese Aussage zu untermauern.

Niemand (!) ist zu arm, um Gott etwas zu geben. Und wenn wir von den Armen reden, wage ich zu behaupten, dass sie eigentlich in Relation sogar mehr als alle anderen geben sollten, denn wenn sie nichts geben, werden sie auch nichts empfangen. Wenn ihre Not größer wird, müssen sie im Grunde mehr geben. Wären die Armen vom Geben ausgenommen, hätte Jesus die arme Witwe im Tempel bestimmt davon abgehalten, ihre letzten beiden Münzen in das Opfer zu legen. Aber anstatt sie daran zu hindern, lobte er sie für ihre Tat. Deshalb ist es immer weise, nicht auf den Mangel zu schauen, sondern auf die Möglichkeit, etwas auszusäen.

Denn Geben kann retten. Ich denke an die Geschichte des Propheten Elia und der Witwe von Zarpat in 1. Könige 17,8-16. Die Bibel berichtet von einer großen Dürre und Hungersnot im ganzen Land. Diese Witwe hatte gerade noch genug, um ein kleines Mahl für sich und ihren Sohn zuzubereiten. Als Elia zu ihr kam, fragte er sie, was sie noch für sich und ihren Sohn übrighätte. Elia wusste, dass wir – und das gilt auch für die Armen – durch Geben Segen freisetzen. Die meisten von uns denken, es wäre ein Zeichen von Liebe und Fürsorge, dieser Witwe und ihrem Sohn ihr Mahl zu gewähren. Aber die Wege des Herrn sind nicht unsere Wege. Für diese Witwe war es wichtig, dass jemand sie zum Geben aufforderte, denn **nichts verlässt den Himmel, wenn nicht zuvor etwas die Erde verlassen hat**.

Für jeden von uns muss Geben zu einer ganz natürlichen Handlungsweise werden. Die Bibel sagt, dass uns zurückgegeben wird, und zwar ein gedrücktes, gerütteltes und überfließendes Maß. Im Grunde genommen ist es so: Je mehr Mangel du leidest, desto mehr solltest du geben. Je ärmer du bist, desto freigiebiger solltest du sein.

Ich habe zu viele Bedürfnisse

Deine Bedürfnisse können ein großes Hindernis sein, wenn du Gottes Wort in Bezug auf das Geben gehorsam sein willst. Bedürfnisse und Begehrlichkeiten kennen keine Grenzen. Du wirst sie niemals komplett erfüllen können. Einige fordern deine dringende Aufmerksamkeit, während andere ganz unerwartet auf der Bildfläche erscheinen. Wir müssen lernen, Prioritäten zu setzen, und dann danach zu handeln – auf eine Weise, die Gott verherrlicht.

Nimm folgendes Beispiel: Ein Mann hat nichts gegessen und ist sehr hungrig. Den ganzen Tag hindurch ist sein Hauptanliegen, den Hunger zu stillen. Nichts ist ihm wichtiger als sein Bauch. Als es ihm endlich gelingt, etwas zu essen zu ergattern und seinen Hunger zu stillen, kommt das nächste Bedürfnis auf – er hat Durst. Jetzt ist all seine Aufmerksamkeit und all sein Bemühen darauf fokussiert, etwas zu trinken. Wenn er seinen Durst gestillt hat, taucht ein weiteres Bedürfnis auf. Er ist sehr müde, beginnt zu gähnen und möchte schlafen. Und so bewegt sich der Kreis immer weiter. Die Erfüllung eines Bedürfnisses zieht unweigerlich das nächste nach sich, und dadurch werden letztendlich alle nachfolgenden Bedürfnisse zu dringenden Anliegen. Das Leben ist voller Bedürfnisse, und niemand wird sie alle erfüllen können. Dich zu sehr auf das Erfüllen all deiner Bedürfnisse heute oder jetzt sofort zu konzentrieren, führt dich in einen sinnlosen Wettlauf.

Oder nimm ein anderes Beispiel: Jemand verdient den Mindestlohn. Er schafft es, damit zu überleben, braucht aber mehr. Sollte er das Dreifache erhalten, würdest du feststellen, dass er trotzdem immer noch mehr braucht bzw. will. Vielleicht sind vermehrte Bedürfnisse eine Konsequenz des höheren Einkommens. Aber egal, wie hoch das Einkommen auch sein mag, viele Menschen empfinden, dass es immer noch nicht genug ist. Denn je mehr du verdienst, desto höher wird dein Lebensstandard und desto mehr wachsen deine Bedürfnisse.

Deine Bedürfnisse dürfen dir nie vorschreiben, was du tun oder wie du dich fühlen sollst. Wer in diese Falle gerät, tendiert dazu, mit dem Zehnten und den Opfergaben Gott gegenüber ungehorsam zu sein. Solche Menschen werden sagen, sie müssen sich erst einmal um ihre vielen Probleme kümmern und den Zehnten dann zahlen, wenn ihre Probleme gelöst sind. Sie werden nie dazu fähig sein, Gott mit ihren Zehnten und Opfergaben zu ehren – denn der richtige Moment dafür scheint niemals zu kommen.

Wir alle müssen lernen, Gott zu gehorchen, egal, wie unsere Nöte und Umstände aussehen. Gott erwartet von uns, dass wir Ihn mit unserem Zehnten und unseren Opfergaben ehren, wie auch immer unsere Situation aussehen mag. Mit dem Zahlen deines Zehnten demonstrierst du Gott gegenüber, dass Er in deinem Leben die erste Stelle hat, und dass alles andere nachrangig ist. Und die beste Zeit, Gott zu zeigen, wie wichtig Er dir ist, ist gerade dann, wenn du finanziell belastet bist oder dringende Nöte hast, und wenn du Ihm dann zeigst, dass du trotz dieser Situation treu deinen Zehnten zahlst und deine Opfergaben gibst.

Jesus lobte die Witwe im Tempel dafür, dass sie ihre unmittelbare dringende Not überging und stattdessen Gott die Priorität einräumte, indem sie Ihm alles gab, was sie besaß. Im Gegensatz dazu gaben andere aus ihrer Fülle heraus, womit sie demonstrierten, dass ihre Gabe, auch wenn sie beträchtlich war, ihre Bedürfnisse und Begehrlichkeiten nicht beeinträchtigte.

Lasst uns wie diese Frau sein, die ihre Liebe zu Gott darin aus-
drückte, dass sie alles gab, auch wenn sie fast nichts zu geben
hatte. Ich habe mich immer gefragt: Wenn Jesus diese Frau
schon hier auf der Erde so sehr lobte – sogar mehr als seine
Jünger –, wie viel mehr wird der himmlische Vater diejenigen
loben, die Ihm auf solche Weise ihre Liebe ausdrücken?

Ich kann meinem Pastor oder meiner Gemeinde den Zehnten nicht anvertrauen

Bei diesem Thema möchte ich mit der Aussage beginnen, dass
ich fest daran glaube, dass Gemeinden über alle ihre Ausgaben
genaue Rechenschaft abgeben müssen. Die von der Gemeinde
eingesetzte Leitung sollte diesbezüglich so transparent wie nur
irgendwie möglich sein.

Viele sind beim Geben skeptisch, weil die Leiter der Gemeinden
die Finanzsituation nicht offenlegen. Eine Menge gläubiger
Christen kämpft mit diesem Problem, und sie haben deshalb
Schwierigkeiten, ihren Zehnten zu zahlen oder ihre Opfergaben
zu geben.

Ich möchte Gemeinden ermutigen, mit ihren Finanzen so
transparent wie möglich zu sein. Gemeinden, die nachvollziehbar mit ihren Geldern umgehen, wirken geradezu anziehend auf
die Gebebereitschaft ihrer Mitglieder. Die Mitglieder entwickeln
größeres Vertrauen gegenüber der Gemeinde, und sie fühlen
sich im Geben ermutigt.

Geld war noch nie ein leichtes Thema, sei es zuhause, an der Arbeitsstelle oder in der Gemeinde. Es bedarf einer verantwortlichen Haltung, geistlicher Reife und einer guten Dosis von Gottes Liebe und Weisheit, um mit Geld gut zu haushalten.

Viele Menschen erkennen nicht, dass sie eifrig Gott dienen und zur gleichen Zeit dem Geld. Sie sind hinsichtlich ihrer Loyalität nicht klar. Geld ist ein guter Diener, aber ein schlechter Meister. Die Bibel sagt uns, dass die Liebe zum Geld die Wurzel alles Bösen ist, und deshalb müssen wir sehr gewissenhaft damit umgehen. Dennoch bleibt es für viele Menschen in der heutigen Zeit eine große Herausforderung, den Zehnten zu zahlen und Opfergaben zu geben.

Finanzielle Misswirtschaft in Gemeinden hat dazu geführt, dass viele Kinder Gottes diesbezüglich skeptisch geworden sind und deshalb zögern, wenn es darum geht, Gott mit ihren Finanzen zu gehorchen. Sie vertrauen dem Pastor oder dem Gemeindevorstand nicht, dass sie wirklich korrekt mit ihrem Zehnten und den Opfergaben umgehen. Das ist zwar nachvollziehbar, aber ihre Bedenken und ihre Kritik müssen trotzdem mit Vorsicht behandelt werden. Wir alle haben unterschiedliche Aufgaben von Gott bekommen. Die unverantwortliche und ungerechtfertigte Handlungsweise anderer Menschen kann Gott gegenüber nicht als Rechtfertigung herhalten, um das, was unsere Aufgabe ist, nicht zu tun. Gott wird jeden von uns gemäß dem beurteilen, was Er uns aufgetragen hat. Denke an die Geschichte von Adam und Eva. Sicherlich dachte Adam, seine Sünde sei vor Gott zu rechtfertigen, denn Eva hatte ihn ja schließlich dazu gebracht sie zu tun – aber so war es nicht. Sie wurden beide bestraft, und seine Strafe war sogar noch größer.

Wir haben nicht das Mandat von Gott erhalten, dafür zu sorgen, dass alles, was wir in die Gemeinde geben, auch so verwendet wird, wie es unserer Vorstellung entspricht. Wenn du der Gemeinde deinen Zehnten vorenthältst, weil du empfindest, dass die Gemeinde das Geld nicht umsichtig genug ausgibt, dann sabotierst du letztlich Gottes Werk.

Wenn du kontrollieren möchtest, wie die Gemeinde mit deinem Zehnten und deinen Opfergaben umgeht, wirst du vermutlich endlos darauf warten, dass du irgendwann ein Zeichen bekommst, das dir signalisiert, dass es jetzt an der Zeit ist, deinen Zehnten zu zahlen und Opfergaben zu geben. Diejenigen, die ihren Zehnten zahlen, sollten weise sein und der Gemeindeleitung vertrauen, was die Handhabung der Finanzen angeht. Dann erfüllen sie das, was Gott von ihnen erwartet. Wir alle sollten deshalb hinsichtlich der Erwartungen, die an uns gestellt werden, grundsätzlich demütig sein. Wir müssen es Gott überlassen, die Menschen zu richten, Er allein ist der Richter aller Menschen.

Manche von uns kleben so sehr an ihrem Besitz, dass sie selbst dann noch daran hängen, wenn sie bereits etwas weggegeben haben. Sie wollen immer noch wissen, was mit ihren Zehnten und Opfergaben geschieht, und nehmen es persönlich, wenn es nicht ihren Vorstellungen entspricht.

In den meisten Fällen ist das, was als finanzielle Misswirtschaft empfunden wird, jedoch einfach nur die unterschiedliche Sichtweise von Pastor, Gemeindevorstand und den Mitgliedern, wie mit bestimmten Beträgen umzugehen sei. Wir alle haben unterschiedliche Vorstellungen davon, wie die Gemeinde mit dem gegebenen Geld umgehen sollte. Es ist normal, dass wir individuell verschiedene Perspektiven und Herangehensweisen bei so etwas besitzen. Wir alle sollten einander akzeptieren, und wir sollten auch akzeptieren, dass unsere Sichtweise und unser Ansatz nicht immer die einzige oder die effektivste Möglichkeit sein müssen. Viele sind der Meinung, dass die Dinge nur dann richtig erledigt werden, wenn es auf ihre Weise geschieht. Solch eine Haltung sorgt im Leib Christi für eine Vielzahl von Problemen. Wir müssen lernen, einander zu akzeptieren und zu verstehen, dass wir alle unterschiedlich sind. Wir alle denken anders und unsere Herangehensweisen sind nicht immer vergleichbar. Das bedeutet aber nicht, dass die Entscheidungen des anderen falsch sind. Wir müssen einander den Raum geben, unterschiedlich zu sein.

Wenn du der Meinung bist, dass das Geld, das du Gott in der Gemeinde gegeben hast, immer noch dein Eigentum ist, dann wirst du als Konsequenz auch denken, dass du das Recht hast zu bestimmen, wie es verwendet werden soll. Deshalb richtest du deinen Blick darauf, wie das Geld innerhalb der Gemeinde eingesetzt wird. Wenn deine Erwartung ist, dass der Pastor mehr Bibeln kaufen sollte, dieser sich aber entschließt, mit dem Geld einen Diakon zur Ausbildung zu einem Seminar zu schicken, wird das ein Problem für dich sein. Es kann dazu führen, dass du misstrauisch wirst und alle möglichen Anschuldigungen machst, die aber nur in deinen Gedanken existieren.

Es ist wichtig zu betonen, dass Gott uns nicht bittet, in die Gemeinde zu kommen, um Ihm Geld auszuleihen. Der Zehnte und die Opfergaben sind kein Darlehen für die Gemeinde. Es ist Geld, das du Gott frei zur Verfügung stellst. Wenn du deinen Zehnten und deine Opfergabe gegeben hast, bist du nicht mehr für die Verwendung des Geldes verantwortlich.

Wir sollten Zehnten und Opfergaben nicht mit besonderen, zweckgebundenen Spenden verwechseln, die wir für ganz bestimmte Projekte der Gemeinde gegeben haben, zum Beispiel den Bau eines Gemeindegebäudes oder für ein Fahrzeug. Wenn in einem solchen Fall spezifisch Geld für beispielsweise ein Auto gesammelt wurde, hat die Gemeinde das Recht, zu erfahren, was mit diesem Geld geschieht oder warum es ggf. für einen anderen Zweck verwendet wird.

Deshalb ermutige ich Gemeinden immer zu Transparenz in allen finanziellen Angelegenheiten. Das ermöglicht den einzelnen Mitgliedern, die Entwicklungen in der Gemeinde zu erkennen und ein Verständnis für die Entscheidungen zu gewinnen, die die Verwalter der Gemeindefinanzen treffen. Dies alles soll auf sorgfältige und nachvollziehbare Weise geschehen.

Einer der Pastoren in meinem Dienst erzählte uns seine Erfahrungen, die er vor vielen Jahren als Pastor einer anderen

Gemeinde gemacht hatte, bevor der Herr ihn zu uns sandte. Nachdem er seinen Masterstudiengang in Theologie beendet hatte, zog er von Amerika nach Südafrika, wo sich ihm die Gelegenheit bot, eine Gemeinde zu übernehmen, die gerade ihren Pastor verloren hatte. Am Anfang lief alles gut, aber bald erkannte er, dass in der Gemeinde eine große Unordnung herrschte. Es war eine lokale Gemeinde mit verschiedenen ethnischen Gruppen. Leitende Mitarbeiter legten ganz öffentlich ein schlechtes Verhalten an den Tag, und es gab eine generelle Intoleranz gegenüber den anderen gesellschaftlichen Gruppen und den Menschen anderer ethnischer Herkunft. Der Pastor fing an, die Probleme zu benennen, aber er erlebte starke Verfolgung von einem Teil der Gemeinde, der nicht bereit war, Buße zu tun oder sich zu verändern.

Früh eines Morgens kamen einige Leute zu seinem Haus und erzählten ihm, dass die Gemeinde von einigen Gemeinde-mitgliedern gerade ausgeräumt würde. Er eilte zum Ort des Geschehens und versuchte, sie daran zu hindern, das Haus Gottes zu plündern. Als er sie konfrontierte, erwiderten sie, dass sie die Gemeinde verlassen wollten, und sich nun zurückholten, was sie in die Gemeinde investiert hatten. Es war ein Kampf zwischen denen, die gehen wollten und denen, die bleiben wollten. Traurigerweise wurde sogar die Polizei geholt, um die Situation zu beruhigen.

So etwas geschieht, wenn Menschen mit der Einstellung etwas geben, es sei eine Leihgabe. Wenn es Schwierigkeiten gibt, fordern sie zurück, was sie der Gemeinde gegeben haben.

Ich kann der Gemeinde nicht heute ein Klavier schenken, nur um morgen bestimmen zu wollen, wie und wo es verwendet wird. Was die Gemeinde mit dem Klavier macht, ist allein ihre Angelegenheit.

Denke daran, du wirst nie auf Grund der Taten anderer Menschen gerichtet, sondern immer auf Grund deiner eigenen. Gott wird dich niemals fragen: Warum haben der Pastor oder der Kirchenvorstand die Finanzen, welche die Gemeindemitglieder gespendet haben, falsch eingesetzt oder damit Misswirtschaft betrieben? Gott wird dich allein wegen deiner Verantwortung, deinen Zehnten zu zahlen und Opfergaben zu geben, zur Rechenschaft ziehen.

Gott nichts zu geben, kann niemals mit dem Vorwurf gerechtfertigt werden, dass man dem Pastor oder dem Gemeindevorstand den Zehnten oder die Opfergaben nicht anvertrauen könnte. Solltest du wirklich einen deutlichen Missbrauch oder eine Misswirtschaft im finanziellen Bereich sehen, dann sprich höflich mit deinem Pastor oder mit einer leitenden Person des Gemeindevorstandes, um so zu versuchen, das Problem zu lösen. Für dich selbst ist wichtig, dass das Geld in das Lagerhaus Gottes gebracht wird.

Wohin soll ich meinen Zehnten zahlen oder meine Opfergaben geben?

Das Wort Gottes sagt uns deutlich, wohin wir unsere Zehnten und Opfergaben bringen sollten. Dieser Punkt ist genauso wichtig wie der eigentliche Gehorsam und die Bereitschaft dazu. Leider handeln viele Christen hier nach ihrem eigenen Gutdünken. Das Wort Gottes ist klar, wenn es sagt: *„Bringt den Zehnten ganz in das Vorratshaus, damit Speise **in meinem Haus** sei."*

Dein Zehnter soll einer Ortsgemeinde übergeben werden, also nicht etwa einer Person, egal, was sie in deinem Leben repräsentieren mag. Kein Mensch hat das biblische Recht, deinen Zehnten zu erhalten. Mir ist bewusst, dass einige „Zehntenzahler" nicht sehr glücklich mit meiner Aussage sein werden, aber die Wahrheit muss gesagt werden. Einer der Gründe, warum es früher nötig war, den Zehnten zu zahlen, waren die Leviten. Sie wurden auf diese Weise versorgt, denn sie durften kein eigenes Land besitzen. Allerdings empfingen sie den Zehnten des Volkes niemals direkt persönlich. Die Gaben wurden zuerst in die Gegenwart Gottes gebracht, und dann von dort aus an die Leviten verteilt. Kein Levit empfing den Zehnten oder die Opfergaben außerhalb des Ortes, den Gott dafür festgelegt hatte.

Wenn sich das aber so verhält, fragst du dich vielleicht, warum Melchisedek von Abraham den Zehnten empfing? Zur Zeit Abrahams gab es noch nichts, was man als ein derartiges Lagerhaus hätte bezeichnen können, wo Zehnter und Opfergaben aufbewahrt und hingegeben wurden. Hätte Melchisedek ein solches Lagerhaus gehabt, wäre er Abraham vermutlich nirgendwo sonst als dort begegnet. Abraham hätte den Zehnten all seiner Reichtümer direkt dorthin bringen können.

Dein Zehnter soll in das Lagerhaus gebracht werden, um für die unmittelbaren Bedürfnisse derer, die im Tempel arbeiten, aufzukommen. Den Zehnten nicht in die Ortsgemeinde zu bringen, ist für mich demnach geistlicher Treuebruch. Wir sind alle wie Schafe, und unsere Milch soll denen gegeben werden, die sich tagtäglich um uns kümmern. Das nicht zu tun, ist ein Zeichen von Unehrlichkeit und ist weder angemessen Gott gegenüber noch fair gegenüber dem Pastor deiner Ortsgemeinde. Dein Zehnter gehört in deine Gemeinde.

Zum Thema Ortsgemeinden

Heute gibt es viele Menschen, die zu überhaupt keiner Gemeinde gehören. Sie sind zwar Christen, aber sie haben keine Ortsgemeinde, in der sie Gemeinschaft haben und in der sie ggf. auch zur Verantwortung gezogen werden können. Es gibt „freischaffende" Diener des Evangeliums – Evangelisten, Propheten, Lehrer, Pastoren und Apostel. Wir sehen jetzt sogar „freischaffende" Lobpreisleiter und Fürbitter. Wegen dieser unabhängigen Leute im Reich Gottes gibt es Unordnung im Leib Christi. Diese Christen sind überall unterwegs und geben niemandem Rechenschaft. Da niemand sie kontrollieren oder überwachen kann, können sie für den Leib Christi sehr gefährlich werden.

In nicht wenigen Fällen sind solche „unabhängigen" Christen die Quelle von Irrlehren, unbiblischen Handlungsweisen und Fehlverhalten im geistlichen Dienst. Der Hauptgrund, warum sie damit durchkommen, ist, weil sie niemandem gegenüber Rechenschaft geben als sich selbst. Manche sind wie Anarchisten, die auf niemanden hören. Sie lassen sich von niemandem wegen ihrer Irrwege zurechtweisen, um sie wieder zur Wahrheit zurückzuführen.

Ich glaube, dass jeder Christ einer Ortsgemeinde angehören muss, auch diejenigen, die der Herr in den vollzeitlichen Dienst berufen hat. In Hebräer 10,25 lesen wir: „... *indem wir unsere eigene **Versammlung nicht verlassen**, wie es einige zu tun pflegen.*"

Das zeigt uns deutlich, dass die Bibel uns nicht nur dazu ermutigt, einer Versammlung der Heiligen anzugehören, sondern auch dazu, diese nicht zu verlassen. Bei den meisten unabhängigen Christen ist dies jedoch leider der Fall. Es gibt viele, die glauben, ein Teil des Leibes Christi zu sein, ohne einer Ortsgemeinde anzugehören.

Es ist richtig, dass der Leib Christi kein physisches Konzept wie eine Ortsgemeinde oder ein lokaler geistlicher Dienst ist. Der Leib Christi ist vielmehr ein geistlicher Leib, der aus allen geretteten Kindern Gottes weltweit besteht, wo auch immer sie in dieser Welt sein mögen. Und nicht jeder Mensch, der in eine Gemeinde geht, ist automatisch gerettet oder lebt ein Leben, das Gott gefällt. Aber Ortsgemeinden sind lebenswichtig für den geistlichen Leib Christi. Wenn wir uns alle lokalen Gemeinden in der ganzen Welt einmal wegdenken würden, würde wahrscheinlich 80 % dieses Leibes sterben. Und so wenig die Ortsgemeinden perfekt sein mögen, so ist ihr Beitrag beim Zur-Geburt-Bringen, beim Ernähren und beim Zur-Reife-Führen der Mitglieder des Leibes Christi unermesslich.

Viele Menschen, die der Ortsgemeinde den Rücken kehren, wollen eigentlich mehr Freiheit haben und sich niemandem als sich selbst untcrordncn. Wenn wir ein Leib sind, sollten wir aber auch auf eine gewisse Weise miteinander verbunden sein. Sieh dich deshalb vor! Mache dich mit niemandem eins, der nirgendwo hingehört und sich niemandem unterordnet, damit du dich nicht vielleicht mit dem teufel selbst eins machst. Ein bisschen mehr Liebe und Demut untereinander können helfen, dieses Zusammengehören so zu gestalten, dass es für uns alle passt. Zur Zeit des Neuen Testaments lebten die Apostel Jesu Christi in Abhängigkeit voneinander und von den Gemeinden, denen sie dienten. Auch der mächtige Apostel Paulus ordnete sich der örtlichen Gemeinde in Jerusalem unter.

In biblischen Zeiten wurde eine Schnur um die Hüfte des Hohepriesters gebunden, wenn dieser einmal im Jahr ins Allerheiligste ging. Auch wenn der Hohepriester als das geistliche Oberhaupt des Volkes Gottes galt, musste er trotzdem dieses Seil tragen, denn es repräsentierte die Verbundenheit mit dem Volk, das draußen stand. Wir können uns nicht als einen Leib bezeichnen, wenn wir nicht miteinander in Harmonie, Liebe und Unterordnung verbunden sind.

Ich bin zum Beispiel sehr froh darüber, dass Reverend Pieter Pretorious von *Jesus Alive Ministry* in Südafrika sich einer Ortsgemeinde namens *Rhema Bible Church* in Johannesburg unterordnet. Sein Dienst erreicht Tausende von Menschen in ganz Afrika und überall auf der Welt.

Reverend Pieter wird hochgeachtet. Es wäre für ihn nicht schwer, selbst eine Gemeinde zu gründen, und sie wäre sicher schnell die größte unseres Landes. Weil er aber seine Berufung verstanden hat, hat er sich dagegen entschieden und bleibt stattdessen mit seiner Ortsgemeinde verbunden. Es wäre sehr ermutigend, wenn es noch viele andere Diener Gottes wie ihn gäbe, und wenn solche Leiter unsere Vorbilder wären. Würde es nicht dem Leib Christi noch viel mehr Schwierigkeiten bereiten, wenn diese Leiter als „unabhängige" Diener Gottes auftreten würden? Dann wären noch mehr Gläubige irregeleitet oder verunsichert, wohin sie ihren Zehnten und ihre Opfergaben geben sollen.

Diener Gottes, die sich nicht in legitimen Gemeindestrukturen bewegen, entwickeln oft eine Überlebenstaktik. Sie lehren von der Kanzel und haben dabei als einziges Ziel, Menschen an sich zu binden, damit die an sie persönlich den Zehnten zahlen und Opfergaben geben. Diese Diener Gottes führen Menschen in die Irre, indem sie sie glauben lassen, dass der Zehnte nicht in das Vorratshaus vor Ort, nämlich in die Ortsgemeinde gehört. Sie verhalten sich wie Jäger, denen es um das eigene Überleben geht. Wenn manche dieser Menschen zurück in ihre Ortsgemeinde gingen, würden sie dort zur Genüge ausgerüstet und unterstützt, um für den Dienst freigesetzt zu werden. Dann müssten sie nicht Menschen das Geld aus der Tasche ziehen. Sollte die Ortsgemeinde sie dann für den pastoralen Dienst qualifizieren, könnten sie mit dem Segen der Gemeinde ihre eigene Gemeinde aufbauen und dort den Zehnten auf ganz legale Weise durch das Haus Gottes empfangen.

Leider ist es oft sehr schwer, einen Menschen dazu zu bringen, sein Wesen zu ändern. Oft stehen ungesunde Charaktereigenschaften wie Stolz, mangelnde Unterordnung, mangelnde Vergebungsbereitschaft, Unbeugsamkeit des Herzens und fleischlicher Ehrgeiz im Weg, und aus diesen Beweggründen verlassen manche ihre Ortsgemeinden, um unabhängig ihre eigenen Wege zu gehen.

Zahlst du deine himmlischen Steuern?

Menschen fürchten sich vor Steuerbescheiden oder dem Finanzamt, besonders dann, wenn sie mit den Steuern im Verzug sind und Geldstrafen drohen. Sie haben Angst, die Behörden könnten ihnen ihren Besitz wegnehmen, oder sie schlimmstenfalls strafrechtlich verfolgen.

Wir alle haben die Verantwortung, unsere Steuern an die Regierung zu zahlen. Dieses Geld ist unser Beitrag, damit die Regierung für unsere Grundbedürfnisse wie sauberes Wasser, frische Luft oder Sozialwohnungen für arme Menschen und vieles andere sorgt. Mit demselben Geld werden

Forschungsprojekte finanziert, die uns zu einem besseren und komfortableren Leben verhelfen sollen.

Wir müssen Steuern zahlen, damit die Regierung zum Wohle aller die soziale Entwicklung fördern kann. Dadurch wird ihr Leben direkt oder indirekt verbessert. Mit Steuern werden Straßen gebaut, der Handel reguliert und die Kommunikation zwischen Menschen und Institutionen erleichtert. Sie werden auch für den Umweltschutz gebraucht, zum Beispiel beim Kampf gegen Umweltverschmutzung. Mit Steuern werden große Forschungsprojekte für neue Entdeckungen, zur Verbesserung der Infrastruktur und für die Entwicklung neuer Dienstleistungen finanziert.

Die meisten Regierungen glauben, dass die Steuerabgaben der einzelnen Bürger je nach Steuerfreigrenze weit mehr als zehn Prozent unseres Einkommens betragen sollten. In Deutschland zahlen die Bürger beispielsweise gemäß ihrer Steuerklasse zwischen 18 % und 40 % ihres Einkommens an den Staat. Die Regierungen dieser Welt sind sehr streng, was Steuern angeht, so streng, dass sie es für notwendig erachten, die wichtigsten Steuern direkt von deinem Einkommen abzuziehen, noch bevor es dann als Nettogehalt ausgezahlt wird. Das bedeutet, dass die Regierung dir keinerlei Freiheit gewährt, die Steuern erst dann zu zahlen, wann es dir gefällt. Vielmehr stellt der Staat sicher, dass die Steuer schon von deinem Lohn bzw. Gehalt abgezogen wird, bevor du es überhaupt in die Hände bekommst.

Im richtigen Leben hast du also nicht die Möglichkeit, zu diskutieren, ob du Steuern zahlen solltest. Es ist eine unstrittige Lebensrealität. Ob es uns passt oder nicht, wir müssen für das Leben hier auf der Erde unseren finanziellen Beitrag leisten.

Das Zahlen deines Zehnten entspricht deiner himmlischen Steuer

Gott braucht deinen Zehnten nicht als Beitrag für die Luft zum Atmen, für die Sonne, die jeden Tag auf dich scheint, oder für den Regen, der auf die Erde fällt. Er braucht deinen Zehnten nicht für etwas, was Er dir gegeben hat. Der Zehnte ist vielmehr ein Ausdruck deiner Dankbarkeit für Sein Wirken in deinem Leben. Du zeigst dadurch, dass Er für dich an erster Stelle steht.

Die Regierung erhebt Steuern für Dinge, die sie nicht selbst geschaffen hat und die sie auch nicht garantieren kann. Gott ist viel größer als unsere Regierungen. Er hat alles geschaffen was überhaupt existiert, und Er ist der Einzige, der unser Wohlergehen auf diesem Planeten garantieren kann.

Einige Verheißungen, die Er uns als Seinen Kindern gibt:

Über Krankheiten:

Er wird dich retten vor der Schlinge des Vogelstellers und vor der verderblichen Pest.
Psalm 91,3

*Er wurde um unserer Übertretungen willen durchbohrt, wegen
unserer Missetaten zerschlagen; die Strafe lag auf ihm, damit wir
Frieden hätten, und durch seine Wunden sind wir geheilt worden.*
Jesaja 53,5

Über Gefahr:

*Und wenn ich auch wanderte durchs Tal der Todesschatten, so
fürchte ich kein Unglück, denn du bist bei mir.*
Psalm 23,4

*Der Engel des Herrn lagert sich um die her, die ihn fürchten, und
er rettet sie.*
Psalm 34,8

*Du brauchst dich nicht zu fürchten vor dem Schrecken der Nacht,
vor dem Pfeil, der bei Tag fliegt, vor der Pest, die im Finstern
schleicht, vor der Seuche, die am Mittag verderbt.*
Psalm 91,5-6

Über Schutz:

*Ob tausend fallen zu deiner Seite und zehntausend zu deiner
Rechten, so wird es doch dich nicht treffen; ja, mit eigenen Augen
wirst du es sehen, und zuschauen, wie den Gottlosen vergolten
wird. Denn du sprichst: Der Herr ist meine Zuversicht! Den
Höchsten hast du zu deiner Zuflucht gemacht.*
Psalm 91,7-9

Über Attacken, Angriffe und Kämpfe:

Keiner Waffe, die gegen dich geschmiedet wird, soll es gelingen.
Jesaja 54,17

Was Gott für dich tut, ist so viel größer als das, was eine
Regierung dieser Welt jemals für dich tun könnte. Gott ist in keiner Weise mit ihnen zu vergleichen – aber alles, worum Er dich
bittet, ist der zehnte Teil dessen, was Er dir bereits gegeben hat.

Wenn du in der Lage bist, treu deine Steuern an die weltliche
Regierung deines Landes zu zahlen, wie viel mehr hat es dann
Gott verdient? Deinen Zehnten zu zahlen ist dein Ausdruck von
Dankbarkeit für dein Leben, von dem du dir wünschst, dass es
immer besser wird. Wenn du dich vor dem Finanzamt fürchtest
und es nicht wagst, auch nur eine Zahlung zu verpassen, solltest
du nicht auch den Allmächtigen fürchten und deinen Zehnten
zahlen? Wenn du deine weltlichen Steuern zahlst, aber der
Versuchung unterliegst, deinen Zehnten nicht zu zahlen, bist
du letztlich Gott gegenüber respektlos. Du beleidigst damit im
Grunde genommen den allmächtigen Gott, der dich gerufen
hat, Ihn an die erste Stelle in deinem Leben zu setzen.

Die meisten Bereiche unseres Lebens sind heutzutage versichert. Wir versichern uns gegen Krankheit, wir versichern unseren Hausrat, unser Einkommen und unser Leben.

Unser Zehnter ist wie unsere himmlische Versicherung, und sie deckt bei Weitem mehr ab, als es unsere Krankenversicherung oder Kfz-Versicherung jemals für uns tun können.

Menschen, die ihren Zehnten nicht zahlen, werden irgendwann merken, dass ihr Geld verschwindet, als hätten sie Löcher in den Taschen, obwohl sie viel arbeiten und ein gutes Einkommen haben.

Kapitel 11

Die himmlische Versicherung

Als ich bei uns in Südafrika das letzte Mal ein Auto kaufte, versäumte ich, mich im Vorfeld rechtzeitig um eine Versicherung zu kümmern. Ich dachte, das könnte ich ja später nachholen. Ich war begeistert und wollte unbedingt die Schlüssel bekommen. Mein einziges Interesse war, mich in mein neues Auto zu setzen, den Geruch zu schnuppern und natürlich so schnell wie möglich damit nach Hause zu fahren. Während ich im Ausstellungsraum wartete, kam eine Frau mit einem Stapel Aktenordner auf mich zu. Mit ernster Miene fragte sie mich: „Mein Herr, haben Sie den Brief Ihrer Versicherung schon eingereicht?" Ich antwortete: „Nein, noch nicht." Ich konnte ihr nur versprechen, es bis zum Ende der nächsten Woche nachzuholen. Daraufhin sagte sie: „Nun, dann können wir Ihnen das Auto heute nicht aushändigen. Wir benötigen die Bestätigung Ihrer Versicherung, bevor wir das Auto an Sie übergeben können." Mein Büro musste mit Hochdruck arbeiten und einiges organisieren, um das Auto schnellstmöglich bei meiner Versicherung zu registrieren. Dank meiner kompetenten Mitarbeiter geschah das noch am selben Tag und ich konnte mit dem neuen Wagen nach Hause fahren. Doch mein Kopf war voller Fragen. Warum war die Auslieferung meines Autos an so viele Bedingungen geknüpft? War ich denn nicht der Käufer und hatte damit ab dem Moment des Kaufes alle Risiken selbst zu tragen? Warum benötigte der Verkäufer von mir den Abschluss einer Versicherung, bevor er das Auto an mich übergeben konnte?

Früher waren Versicherungen oftmals nur auf bestimmte Dinge begrenzt. Zumeist waren es sehr wertvolle Gegenstände wie zum Beispiel teure Maschinen, große Investitionen, groß angelegte Projekte oder andere bedeutsame Dinge, die versichert wurden. Heute funktionieren Versicherungen anders. Sie sind nicht mehr auf Gegenstände mit großem Wert beschränkt, sondern bereits kleine Gegenstände wie eine Armbanduhr, ein Fernsehapparat, ein Radio, Musikinstrumente oder Ähnliches können versichert werden.

Ja, die meisten Bereiche unseres Lebens sind heutzutage versichert. Wir versichern uns gegen Krankheit, wir versichern unseren Hausrat, unser Einkommen und unser Leben. Es gibt unzählige maßgeschneiderte Versicherungen für alle spezifischen Lebensbereiche der Kunden. Selbst wichtige Körperteile wie die Hände von Pianisten, die Füße von Fußballspielern oder die Stimmen von Sängern können für viel Geld versichert werden. Es scheint, dass heute alles akzeptabel und alles möglich ist. Für die meisten Menschen haben Versicherungen eine hohe Priorität, denn niemand kann die Zukunft voraussagen oder garantieren. Unsere Lebenspläne und Erwartungen können völlig durchkreuzt werden. Wir müssen das Unerwartete erwarten und die Überraschungen des Lebens sozusagen mit einkalkulieren.

Der Autohändler wollte mich nicht ohne Versicherung aus dem Autohaus fahren lassen, denn falls ein Unfall passiert wäre, wäre das Autohaus haftbar gewesen. Bestimmte Vorschriften müssen eingehalten werden und Dokumente müssen komplett sein, bevor auch nur ein einziges Auto das Gelände verlassen darf.

Menschen, deren regelmäßiges Einkommen durch eine Versicherung abgedeckt ist, empfinden darüber eine gewisse Ruhe und sorgen sich vermutlich weniger über ungeplante, unerwartete und unbekannte Überraschungen im Leben. Natürlich braucht jeder Mensch gewisse Versicherungen, aber jede Versicherung kostet Geld. Und jede Versicherung bleibt nur so lange in Kraft, so lange man seinen Teil dazu beiträgt und seine monatlichen oder jährlichen Beiträge zahlt.

Nun möchte ich deine geistliche bzw. himmlische Versicherung ins Visier nehmen. Auf die gleiche Weise, wie wir für die irdischen Dinge Versicherungen besitzen, haben wir auch eine Versicherung für die himmlischen Dinge. Allerdings mit dem Unterschied, dass deine himmlische Versicherung sehr viel mehr abzudecken vermag, als es deine irdische jemals könnte. Unser Zehnter ist wie unsere himmlische Versicherung und sie deckt bei Weitem mehr ab, als es unsere Krankenversicherung oder Kfz-Versicherung jemals für uns tun könnte. Außerdem ist die himmlische Versicherung nicht auf „Schadensbegrenzung" limitiert, sondern sie bietet vollen Schutz, und zwar für alles.

Da der Zehnte unsere himmlische Versicherung repräsentiert, ist nach meiner Überzeugung all unsere Habe und all unser Vermögen versichert, wenn wir gehorsam unseren Zehnten zahlen. Immer wenn du deinen Zehnten zahlst, versicherst du damit sozusagen im Himmel alles, was du von Gott empfangen hast. Er wird sicherstellen, dass es viel Frucht bringt, und Er wird dich vor aller Zerstörungswut des Fressers bewahren. Diejenigen, die ihren Zehnten zahlen, selbst wenn sie wenig haben, werden bezeugen, dass sie in der Lage sind und dass ihr Geld dazu ausreicht, große Dinge zu tun.

Für mich ist es so: Wenn man für 1000 Euro Verdienst beispielsweise 150 Euro in Zehnten und Opfergaben gibt, entspricht das einer himmlischen Versicherung. Das bedeutet, dass der Rest deines Einkommens nun sozusagen von Gott versichert ist. Alles was man mit dem übrigen Geld macht, ist von dieser himmlischen Versicherung abgedeckt, und als solches wird es viel Frucht bringen und steht unter göttlichem Schutz. Wenn du also, nachdem du deinen Zehnten gezahlt hast, planst, mit dem übrigen Geld ein Auto zu kaufen, wirst du meiner Überzeugung nach ein gutes Angebot bekommen, und was immer du kaufst, steht unter göttlichem Schutz vor dem Fresser. Mein Auto wird keinen Unfall haben, nicht gestohlen werden und keine Panne erleben. Es wird länger halten als erwartet, denn es wurde mit Geld gekauft, das durch die himmlische Versicherung abgedeckt war.

Menschen, die ihren Zehnten nicht zahlen, werden irgendwann merken, dass ihr Geld verschwindet, als hätten sie Löcher in den Taschen, obwohl sie viel arbeiten und ein gutes Einkommen haben. Sie wissen nicht, wohin ihr Geld sich auflöst. Trotz vielem Geld können sie nur wenig ausrichten, und nichts was sie haben, hält besonders lange. Sie haben heute ein Auto, aber schon morgen ist es gestohlen oder in einen Unfall verwickelt. Heute kaufen sie etwas, aber morgen ist es unbrauchbar. Und dann geben manche Gott die Schuld dafür, dass Er sie nicht vor dem feind beschützt hat, der ihnen das gestohlen und zerstört hat, wofür sie so lange gearbeitet haben. Sie vergessen, dass Gott nicht ihr Laufbursche oder ihr Diener ist. Gott respektiert Prinzipien, aber beim Ansehen der Person macht Er keinen Unterschied. Wenn wir tun was Er sagt, werden wir auch empfangen was Er verheißen hat. Wenn wir ungehorsam sind und nicht tun was Er sagt, wird das Gegenteil geschehen. Manche Christen laufen herum und meinen, dämonen aus ihrem Leben austreiben zu müssen, aber sie vergessen dabei, dass sie ihre Probleme selbst verursacht haben.

Alles Geld, von dem kein Zehnter und keine Opfergaben für Gottes Lagerhaus gegeben wurde, ist demnach nicht versichert. Und was auch immer damit gemacht wird, wird keine dauerhafte Frucht bringen. Ein Haus, ein Auto, eine Firma, eine Investition, Haushaltsgeräte, alles, was mit Geld gekauft wurde, von dem nicht zuvor der Zehnte und die Opfergaben gegeben wurden, ist dem Wirken des Fressers ungeschützt ausgesetzt und wird nicht lange Bestand haben – es ist nicht durch die himmlische Versicherung abgedeckt.

Ich glaube, dass viele von uns Gott um Vergebung bitten müssen, weil sie Seinem Wort ungehorsam waren und über Jahre hinweg den Zehnten nicht gezahlt haben. Ich glaube ebenso, wir sollten Gott um Richtungsweisung bitten, um zu erkennen, wie wir all unseren Besitz mit Seiner himmlischen Versicherung absichern können. Ich bin sicher, dass der Herr viele von uns leiten wird, von allem, was wir haben, den Zehnten zu geben, so wie Abraham den Zehnten an Melchisedek zahlte.

Verflucht!

*Mit dem **Fluch** seid ihr verflucht worden, denn ihr habt mich beraubt, ihr, das ganze Volk.*
Maleachi 3,9

Wann immer wir dem Wort Gottes nicht gehorchen, öffnen wir uns für einen Fluch. Das war für die Menschen des Alten Testaments ebenso richtig, wie es für uns Menschen des Neuen Bundes gilt. Wir können es uns nicht leisten, unser Leben nicht nach dem Standard des Wortes Gottes zu leben, und gleichzeitig erwarten, gesegnet zu werden. Mit jeder ungehorsamen Handlung gegenüber Gottes Wort sind Flüche verbunden. Das kann den Zehnten betreffen oder jedes andere Gebot im Wort Gottes:

Denn der Lohn der Sünde ist der Tod; aber die Gnadengabe Gottes ist das ewige Leben in Christus Jesus, unserem Herrn.
Römer 6,23

Das gilt für alle Menschen im Alten und im Neuen Testament gleichermaßen. Jedes Kind Gottes, das seinen Zehnten nicht zahlt und seine Opfergaben nicht gibt, ist unter einem Fluch. Es gefällt Gott nicht und deshalb kannst du weder geistlich noch finanziell gesegnet sein, wenn du dem Wort Gottes nicht gehorchst.

Vielleicht sagst du zu dir selbst, dass es doch viele Menschen gibt, die ihren Zehnten nicht zahlen und ihre Opfergaben nicht geben, und dennoch im Überfluss leben. Wie kann jemand dann behaupten, dass du nicht geistlich oder finanziell gesegnet sein kannst, wenn du es nicht tust? Menschen, die ihren Zehnten nicht zahlen, werden von ihrem Besitz kontrolliert und von ihrem Geld beherrscht. Ich glaube, dass sie ein unerfülltes Leben führen, selbst wenn sie Überfluss haben. Sie sind nicht gesegnet. Je mehr Geld sie ansammeln, desto mehr fürchten sie, es wieder zu verlieren. Ihr Geld wurde in ihrem Leben zu einer Falle.

Ein reicher Mann sagte einmal: „Meistens, wenn ich den sogenannten armen Mann beobachte, der in einer ärmlichen Siedlung in der Nähe meines vornehmen Wohnortes lebt, beneide ich ihn. Denn er hat Frieden und muss sich nicht mit den Sorgen plagen, mit denen ich mich täglich herumschlagen muss. Ich würde meinen ganzen Besitz aufgeben, wenn ich nur diesen Frieden hätte, den er hat."

Ich sage damit nicht, dass arme Leute besser sind als reiche. Der Punkt ist, dass der reiche Mann, wenn er nicht nach Gottes Geboten lebt, seinen Reichtum nicht wirklich genießen kann. Du kannst zwar vieles mit Geld tun, aber es gibt Dinge, die Geld nicht zu tun vermag, und dafür brauchst du Gott. Du kannst dir mit Geld Vergnügen und Genuss verschaffen, aber echte Freude kommt vom Herrn. Du kannst erlesene Speisen kaufen, aber dein Appetit kommt allein vom Herrn. Du kannst Bodyguards mieten, aber wahrer Schutz kommt vom Herrn. Geld ist ein guter Diener, aber ein schlechter Meister. Erlaube dem Geld nicht, dein Meister zu werden, denn es wird einen Fluch auf dich bringen und dafür sorgen, dass dein Leben unerfüllt bleibt. Gib Gott den ersten Platz in deinem Leben und gehorche all Seinen Geboten, denn nur dann wirst du inneren Frieden und ein Leben voller Freude haben.

Der Herr, dein Gott, wird niemals etwas von dir verlangen, was du nicht auch erfüllen kannst. Das bedeutet, dass Er dich zuerst versorgen und befähigen wird, deinen Zehnten zu zahlen und deine Opfergabe zu geben. Der Grund, warum Gott dich darum bittet, das zu tun, ist nicht, um dich zu strafen, oder dir dein Geld wegzunehmen. Wir sollten uns erinnern, dass alles von Ihm kommt. Gott bittet dich, etwas davon zurückzugeben, damit du viel dafür empfangen kannst. Nichts verlässt den Himmel, was nicht zuvor die Erde verlassen hat.

Jetzt, wo du dieses Buch gelesen hast, lade ich dich ein, dieses Gebet zu Gott zu beten:

Himmlischer Vater,

ich danke Dir von ganzem Herzen für die Erkenntnis, die Du mir durch dieses Buch gegeben hast.
Ich bitte Dich um Vergebung für jede Situation, in der ich Deinem Wort gegenüber untreu und ungehorsam war.
Bitte gib mir die Kraft, im Zahlen meines Zehnten und im Geben meiner Opfergaben gehorsam zu sein, damit der Fresser für immer aus meinem Leben zurückgewiesen wird.
Ich will mein Leben in völligem Gehorsam leben, und ich danke Dir für Deine Gnade.
In Jesu Namen.

Amen